COMMENT
ON LIT DANS LA
M A I N

UNICURSAL

Copyright © 2017

Éditions Unicursal Publishers

www.unicursalpub.com

ISBN 978-2-924859-06-3

Première Édition, Samhain 2017

PAPUS

COMMENT ON LIT DANS LA MAIN

Premiers Éléments de Chiromancie

PREMIÈRE PARTIE

CHIROMANCIE SYNTHÉTIQUE

PRÉFACE

DE LA NOUVELLE ÉDITION

Le petit Traité Synthétique de Chiromancie que nous avions extrait de notre ouvrage sur la Science Occulte, s'est rapidement épuisé, quoique tiré à un grand nombre d'exemplaires. Nous avons profité de cette nouvelle édition, devenue nécessaire, pour donner une plus grande importance à ce travail, tout en conservant la simplicité et le caractère général auquel il doit son succès.

Ainsi nous avons conservé, en y apportant de légères modifications de détail, notre étude synthétique qui permet d'apprendre en quelques heures les premiers éléments de la chiromancie. Mais nous avons cru devoir ajouter un travail personnel sur la chirognomonie et la chiromancie, et quelques considérations sur la chirosophie, pour permettre à nos lecteurs d'aborder les détails, si les succès qu'ils obtiendront avec les premières leçons leur donnent confiance, ce dont nous ne pouvons douter. Ce nouvel ouvrage forme donc un tout complet, terminé du reste par quelques notes bibliographiques qui permettront aux chercheurs d'approfondir encore leurs études. Nous ne nous faisons aucun doute sur l'existence de défauts possibles dans notre travail ; mais on verra que nous avons, fait les plus grands efforts pour rester original, et pour éviter l'obscurité inhérente aux ouvrages les plus célèbres concernant cet art. Du reste, notre ami Marc Haven prépare depuis quelques mois un Traité complet de Chiromancie où nos lecteurs désireux de posséder à fond la Chiromancie trouveront tous les détails nécessaires.

Mai 1895.

PAPUS,

Docteur en médecine,
Docteur en Kabbale.

AVANT-PROPOS

DE LA PREMIÈRE ÉDITION

Il est curieux de constater que notre époque, où l'expérimentation jouit d'une telle faveur, présente en même temps des exemples nombreux de parti pris peu concevable.

Ainsi, de quel sourire dédaigneux les « hommes sérieux » n'accueillent-ils pas toutes ces idées « d'un autre âge » relatives à l'impression du moral sur le physique, et à la possibilité de déduire le caractère général d'un individu de la forme de ses organes ! — il y aurait, pour le médecin indépendant, un beau travail à faire en vérifiant, dans les amphithéâtres des hôpitaux, sur cent ou deux cents sujets, la vérité des affirmations des chiromanciens au sujet de l'indication possible de la longueur de la vie donnée par une ligne de la main. — Tant que des expériences de ce genre n'auront pas été faites, comment peut-on se faire fort de trancher du « magister » à ce sujet?

Les livres traitant de chiromancie présentent tous un défaut capital, à notre avis. L'esprit du lecteur s'embrouille dans cette minutie des petits détails dont ces ouvrages sont remplis. Notre but, en faisant cet extrait du *Traité méthodique de Science Occulte*, est de fournir au lecteur des données très générales et en même temps très précises de la question, pour le mettre à même de classer ultérieurement les détails qu'il trouvera dans les traités ordinaires de chiromancie.

Nous pensons, à l'encontre d'opinions toutes faites, que l'expérimentation à le droit d'aborder tous les champs d'action fournis à son activité, et que les diverses données concernant la divination peuvent l'intéresser autant que les études d'archéologie ou de linguistique.

A nos lecteurs de devenir nos collabo-rateurs, et bientôt nos maîtres, en ces cu-rieuses recherches. C'est là notre plus vif désir.

PAPUS.

PREMIÈRE LEÇON

———————

Notre étude serait incomplète si nous ne donnions pas les fondements d'au moins une des sciences dites de divination[1].

Je sais bien que les ignorants de la Science Occulte prétendent que ces sciences de divination sont entièrement fausses et ne peuvent donner aucun résultat sérieux. Les faits viennent chaque jour faire justice de ces belles paroles.

Un procédé, cher à la critique contemporaine, consiste à juger un travail uniquement sur les points touchant à ces sortes d'études. C'est ainsi que, pour le

———————

1   Ce passage est extrait du « Traité Méthodique de Science Occulte » vol. de 1200 p. in-800, Carré éditeur.

Larousse[2], mon ouvrage sur le Tarot se réduit uniquement au chapitre dédié aux dames et consacré à la cartomancie. Quoi qu'il en soit, comme mon souci est, avant tout, d'être complet, je vais développer les données principales d'une des plus vieilles sciences de divination connues la Chiromancie (lecture de la main).

Appliquant la Science Occulte à la théorie de la chiromancie, je vais présenter cet art sous un jour tout nouveau donnant des enseignements qu'on chercherait en vain dans les traités modernes sur la question. Ces traités, surtout celui de Desbarolles, seront utiles à consulter pour les analyses de détail ; je me contenterai dans ce chapitre d'envisager la question sous le point de vue purement synthétique.

Il me semble inutile de répondre à l'objection que les lignes de la main sont le résultat des occupations spéciales de l'individu ou des plis naturels de la peau. Un

---

2 Encyclopédie du XIXe siècle, supplément, art. *Théosophie.*

docteur en médecine peut seul se permettre de ces fautes d'observation.

La main gauche qui travaille moins a beaucoup plus de lignes que la main droite, et les enfants nouveau-nés, qui n'ont encore choisi, que je sache, aucune profession particulière, ont un grand nombre de lignes. Quant aux plis naturels de la peau, les observations faites d'après les données de la chiromancie montreront mieux leur rôle véritable que tous les traités possibles et impossibles d'anatomie.

Considérons la main (on prend généralement la gauche comme exemple) d'une façon synthétique; qu'y verrons-nous?

Une série d'organes qui sont presque incapables de se mouvoir séparément les quatre doigts; un organe qui s'oppose à ceux-là: le Pouce.

L'ensemble des doigts représentera l'ensemble des impulsions venues de la fatalité, des suggestions données à l'individu; le Pouce représente au contraire l'action possible de l'individu sur ces suggestions, l'acceptation ou le refus dès impulsions données.

Chaque doigt représente particulièrement une suggestion ; nous aurons à voir ces divisions en détail bientôt.

Remarquez les hauteurs diverses occupées par les doigts. Que verrez-vous ?

Le plus haut de tous, celui qui domine l'ensemble est *le médius*, le doigt du milieu.

De chaque côté de ce doigt, vous en trouvez deux autres, un grand et un petit

de chaque côté, à droite c'est l'Annulaire et le Petit doigt, à gauche c'est l'Index et le Pouce.

Vous pouvez donc comparer ce médius au support d'une balance dont les plateaux sont formés par les doigts situés de chaque côté.

Nous retrouvons donc là notre ternaire universel, les deux opposés (les deux plateaux) et le support qui les réunit tous deux (le médius).

Au milieu, ce qui domine tout c'est le Destin inéluctable, la Fatalité, le sombre Κϱονος; SATURNE (nom astrologique du médius).

A droite de la Fatalité, le Rêve, la Théorie, l'idéal représentés par les deux doigts.

APOLLON (l'annulaire). — L'Art.

MERCURE (le petit doigt). — La Science.

A gauche de la Fatalité, la Raison, la Pratique, le Positif représentés par les deux doigts.

JUPITER (l'index). — Les Honneurs.

VÉNUS (le pouce). — La Volonté. — L'Homme. — L'Amour.

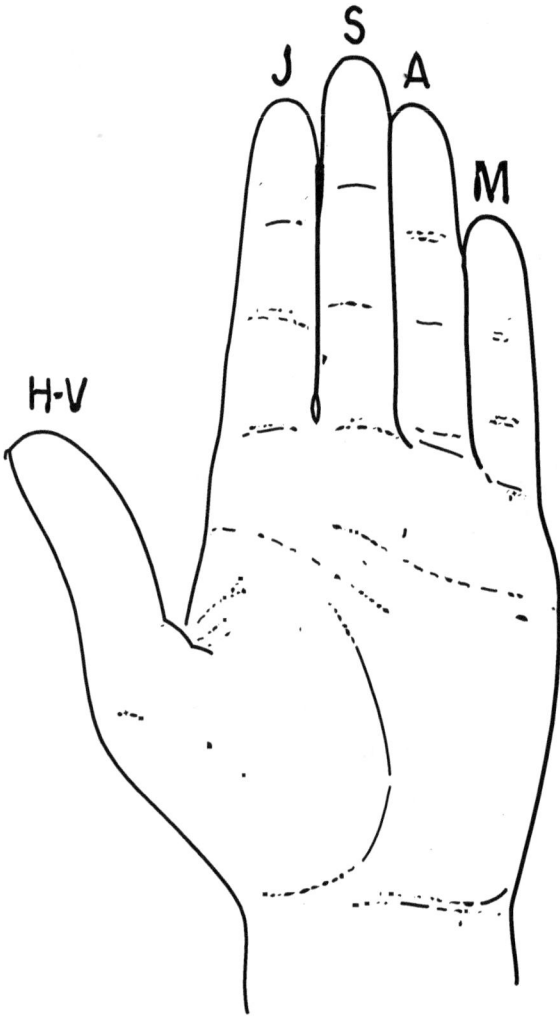

Les noms astrologiques des doigts.

Résumons les noms attribués à chaque doigt :

LE MÉDIUS : *Saturne.* — L'ANNULAIRE : *Apollon.* — LE PETIT DOIGT : *Mercure.* — L'INDEX : *Jupiter.* — LE POUCE : *L'Homme et Vénus.*

Chaque doigt comprend :

1° *Une saillie* sur laquelle il prend racine. Cette saillie a reçu le nom de Mont. Chaque mont prend le nom du doigt correspondant (mont de Jupiter, mont de Saturne, etc.) ;

2° Une ligne qui part de ce doigt pour cheminer dans la main.

Cette ligne est très marquée ou bien absente suivant que la *suggestion* donnée par le doigt est forte ou n'existe pas chez l'individu.

Voyons le trajet suivi par chacune des lignes rattachées à un doigt et le nom de ces lignes.

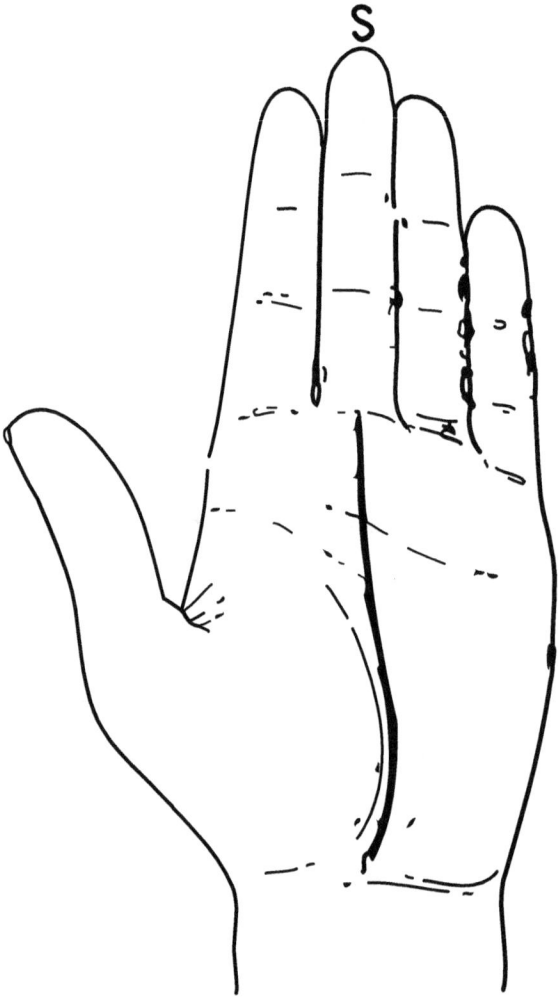

La ligne de fatalité (*Saturnienne*).

SATURNE (LE MÉDIUS) ET LA LIGNE DE FATALITÉ

Du doigt de Saturne part une ligne qui traverse verticalement toute la main pour aboutir presque au poignet ? *c'est la ligne de fatalité*; elle indiquera les événements.

MERCURE ET SA LIGNE

Mercure représente le côté pratique de l'idéal, c'est la *Science* par rapport à l'art, c'est aussi le *Commerce* par rapport à l'invention.

Mercure était le messager des dieux, c'était le reporter de l'Olympe.

Dans la main la *ligne de Mercure* sera la ligne des *intuitifs*, des *médiums*, des personnes *nerveuses* à l'excès, sujettes aux rêves prophétiques (le petit doigt dit aux nourrices les secrets des enfants).

Cette ligne part du petit doigt et se dirige vers le poignet pour naître au même niveau presque que la ligne de Saturne.

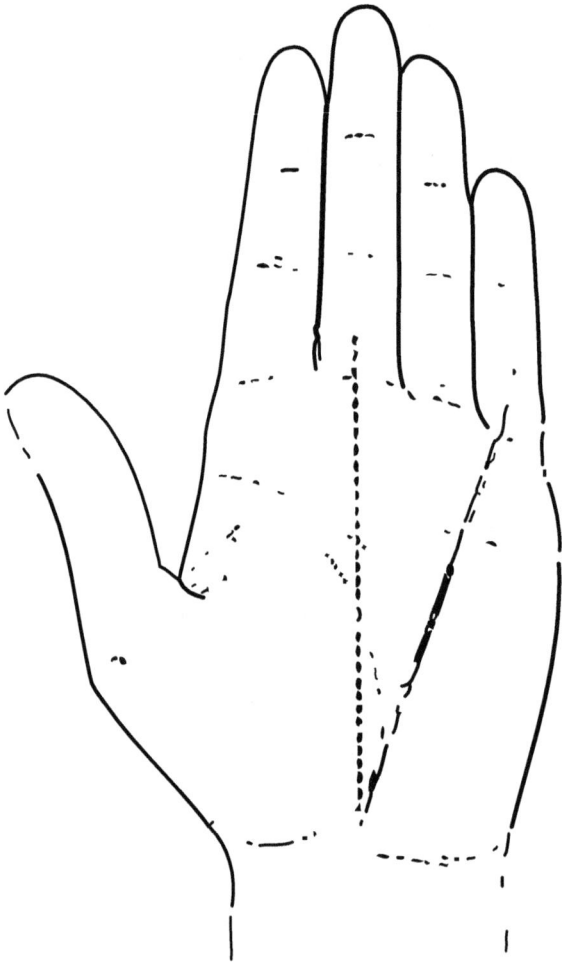

La ligne de l'intuition (*Mercurienne*).

Se garder de l'erreur qui consiste à croire que cette ligne représente les *maladies du foie*, c'est la ligne de l'*intuition*; elle manque très souvent.

APOLLON ET SA LIGNE

Apollon c'est l'idéal dans toute sa pureté. C'est l'art, c'est l'invention, c'est aussi la fortune noblement acquise.

Dans la main *la ligne d'Apollon* sera la ligne des artistes et des inventeurs. Elle part de l'annulaire et se dirige vers le bas en allant souvent vers le niveau de la rencontre du pouce et du poignet.

Elle est rarement complète. Très souvent elle est divisée en plusieurs tronçons.

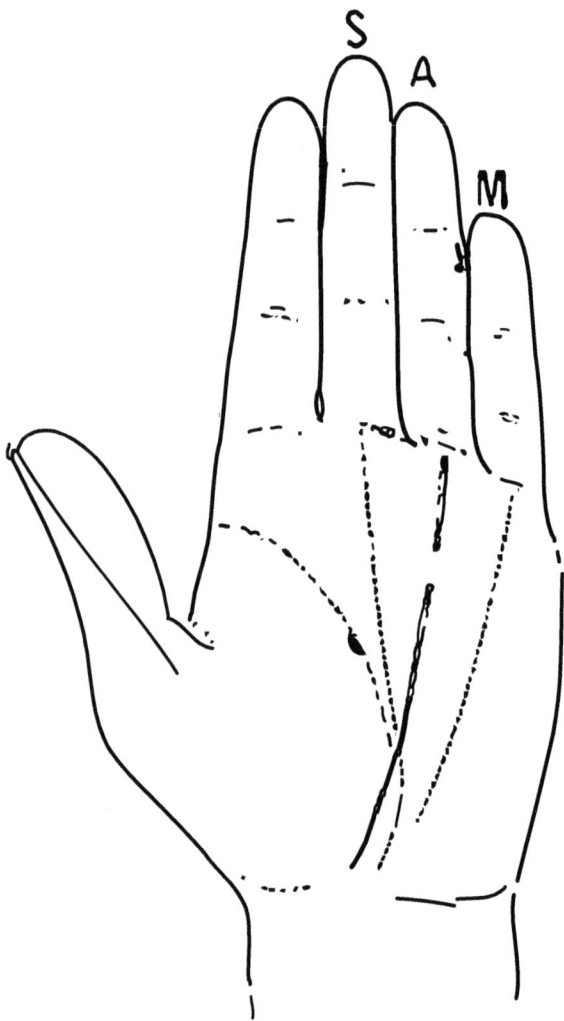

La ligne de l'idéal (*Apollonienne*).

JUPITER ET SA LIGNE

Jupiter ce sont les honneurs, c'est l'*idéal de la vie pratique*, c'est aussi le dévouement, la magnanimité, *le Cœur*.

La ligne de Cœur part de Jupiter ou de son mont et se dirige *horizontalement* (et non plus verticalement) vers le petit doigt au bas du mont duquel elle aboutit.

C'est la ligne de la passion, du dévouement, de la colère. C'est la ligne de l'ambition.

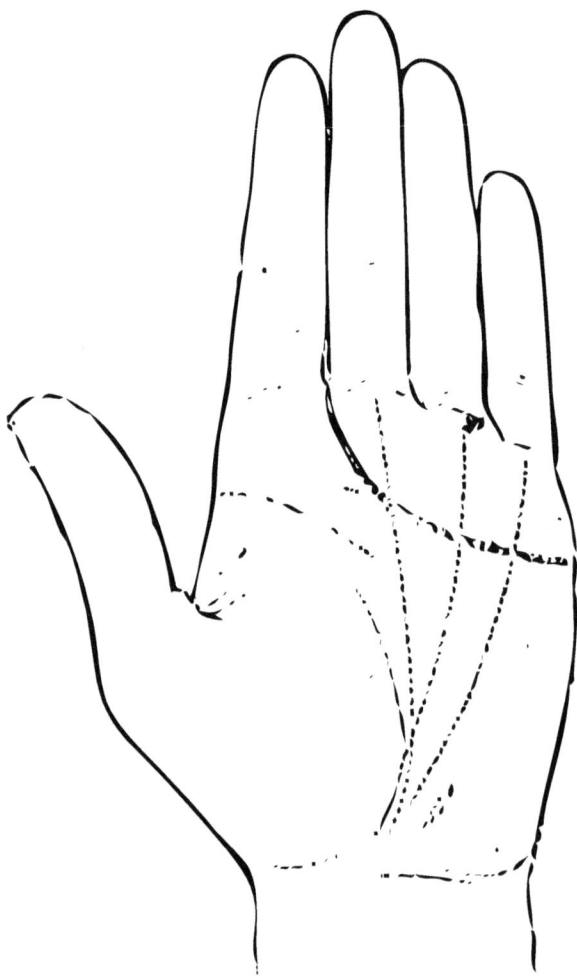

La ligne de cœur (*Jupitérienne*).

LE POUCE ET SA LIGNE

Le pouce c'est l'homme lui-même dans ses trois spécifications :

En haut la raison (1re phalange).

Au milieu le sentiment (2e phalange).

Au bas les sens (racine).

L'homme est entouré par la *vie physique* qui marque les étapes de son corps.

Aussi la ligne qui entoure le pouce est-elle *la ligne de vie*.

C'est sur elle qu'on verra, non pas les événements (ce qui serait une erreur), mais *les maladies*, c'est-à-dire tout ce qui touchera au physique, au côté le plus matériel, le plus pratique de l'homme.

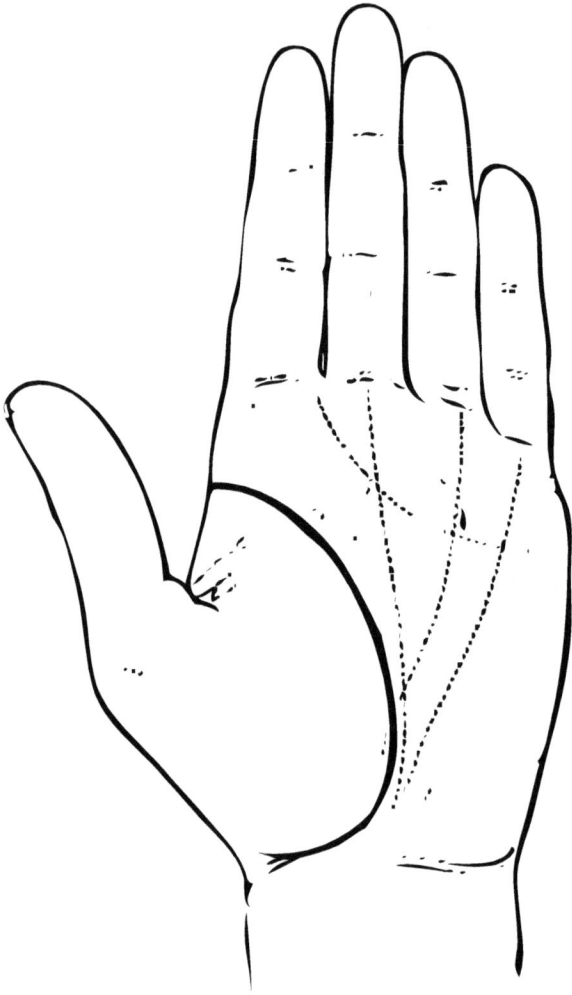

La ligne de vie (*Hominale*).

AUTRES CENTRES

Outre les doigts, deux centres doivent être considérés :

1° La partie centrale de la main, correspondant à *Mars* ;

2° La partie droite de la main, celle qui s'étend depuis le petit doigt jusqu'au poignet. Cette partie présente un renflement caractéristique attribué à *la Lune*.

MARS ET SA LIGNE

Tenant le milieu entre toutes les autres lignes, on en voit une placée entre la ligne de cœur et la ligne de vie et dirigée horizontalement.

C'est la ligne de tête, la ligne de l'action qui sillonne tout le domaine du dieu par excellence de l'Activité : Mars.

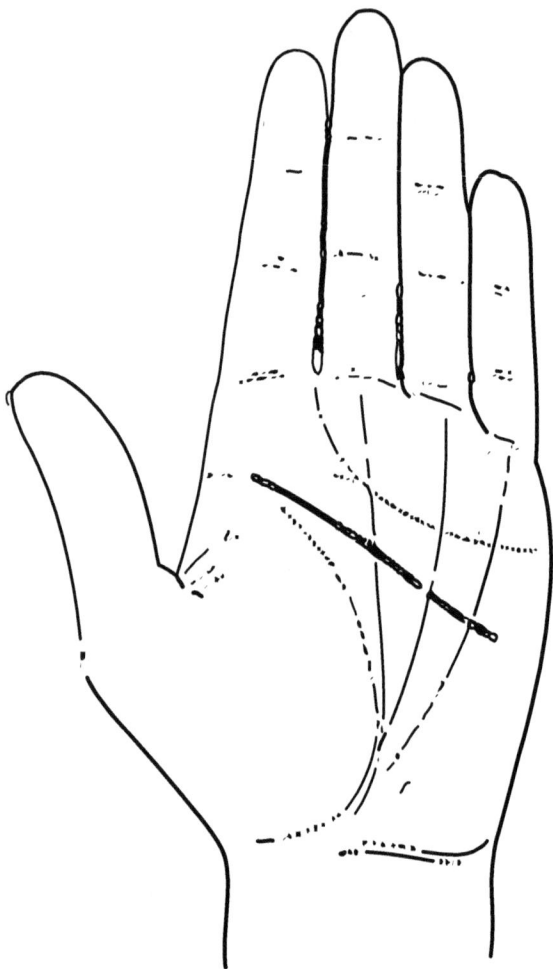

La ligne de tête (*Martiale*).

LA LUNE ET SES LIGNES

La Lune préside à l'imagination, et à la croissance de tout ce qui pousse, à la génération.

Elle n'a pas une ligne à proprement parler; mais elle en possède un grand nombre échelonnées sur le côté tout à fait externe de la main.

Pour voir ces lignes il faut mettre la main de profil.

Nous venons d'exposer la construction de la main et de ses différentes lignes.

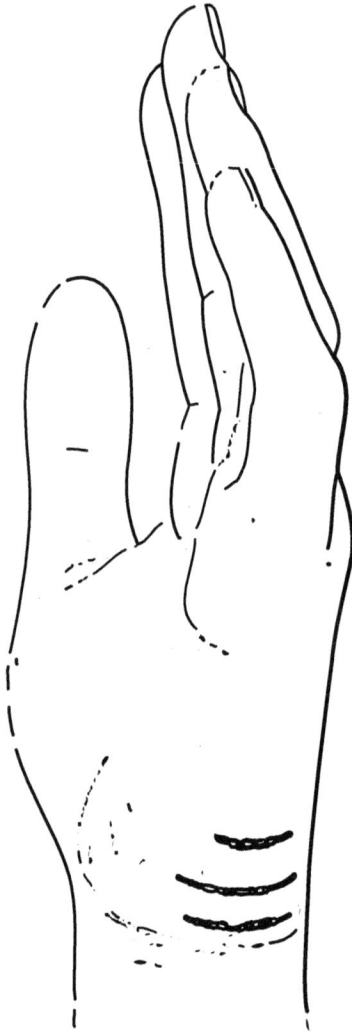

Les lignes d'imagination et de génération
(*Lignes lunaires*).

Résumons ce que nous avons dit dans une figure d'ensemble.

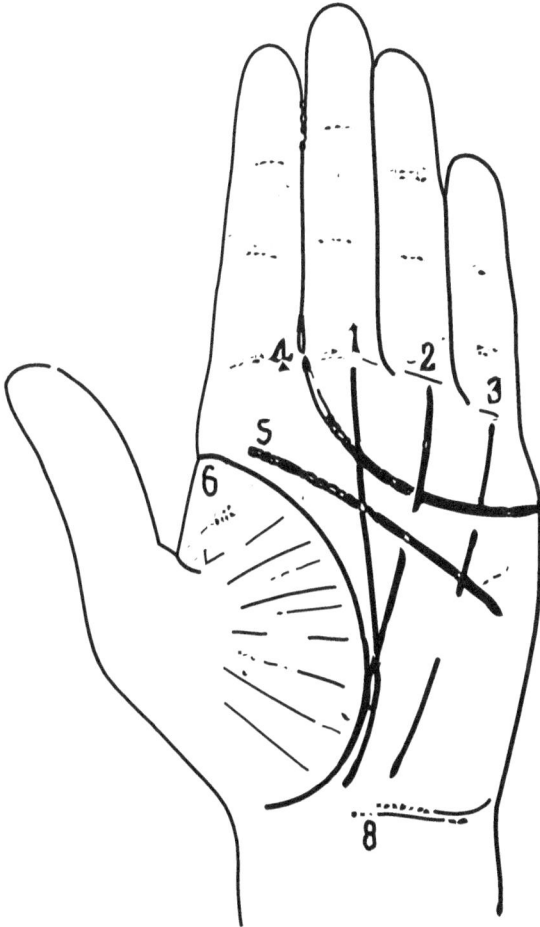

Ensemble.

Trois lignes verticales :

1° *La Saturnienne* (fatalité).

Partant du médius. Au milieu.

2° *L'Apollonienne* (idéal).

Partant de l'annulaire. A droite.

3° *La Mercurienne* (intuition).

Partant du petit doigt. Extrême droite (manque très souvent).

Trois lignes horizontales :

4° *La ligne de cœur* (générosité).

Partant de l'index. Gauche.

5° *La ligne de tête* (volonté, activité).

Au milieu de la main (horizontalement).

6° *La ligne de vie*.

Partant du pouce et l'entourant. Extrême gauche.

Au bas du poignet une série de lignes horizontales : la *Rascette*.

Munis de ces données, nous connaissons la constitution générale de la main.

Voyons comment on peut y lire les tendances de l'individu.

DEUXIÈME LEÇON

LECTURE DES SIGNES

Deux grands principes luttent dans l'homme ; la *Fatalité* et la *Volonté*.

La *Providence*, le troisième des principes universels, n'intervient qu'accidentellement et d'une façon qui ne peut être sûrement prévue.

La ligne de Saturne représentant la fatalité, la ligne de tête représentant la volonté, leur action réciproque nous donne la première division que nous donne la première division que nous devons considérer.

Cette action produit une croix indiquée par la figure suivante.

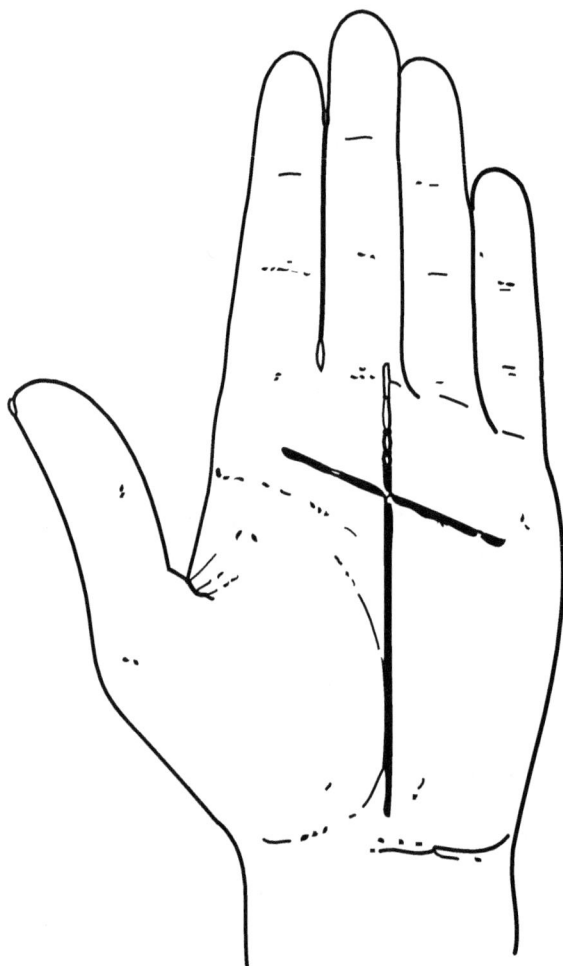

La Fatalité (*Saturnienne*). — La Volonté (*Ligne de tête*).

A droite de cette croix sera le côté *idéal*, *théorique*.

A gauche le côté *pratique*.

Toutes les lignes qui iront du milieu vers la droite indiqueront les tendances *idéales*, *intellectuelles*, de l'individu.

Toutes les lignes qui iront du milieu vers la gauche indiqueront, au contraire, les tendances pratiques, matérielles de cet individu.

Voulez-vous voir si quelqu'un est plus idéal que matériel ?

Regardez la distance qui existe entre la ligne de tête et la racine des doigts, et voyez si elle est supérieure à la distance de cette ligne à la naissance du poignet.

Le haut de la ligne c'est l'intellectuel ; le bas le matériel.

Maintenant voyons comment on lit les différents présages.

DES ÉVÉNEMENTS

La ligne de la Fatalité saturnienne indique l'époque exacte des événements passés, présents et futurs.

Tout ce qui modifiera quelque peu l'existence est indiqué par un saut de la ligne, par une coupure ou par une autre ligne venant se mettre en travers.

La direction de ce saut à droite ou à gauche indique si l'événement a influé sur les occupations intellectuelles ou sur la position.

Une ligne de Fatalité droite et sans coupures, c'est une vie uniforme au point de vue des événements et des idées.

Voici comment on voit les âges (ceci est très important).

Suivez sur la ligne ci-jointe :
La ligne de Fatalité est coupée :
1° Tout en bas par la ligne de Mercure ou celle d'Apollon ;
2° Plus haut par la *Ligne de tête* ;
3° Plus haut par la *Ligne de cœur*.

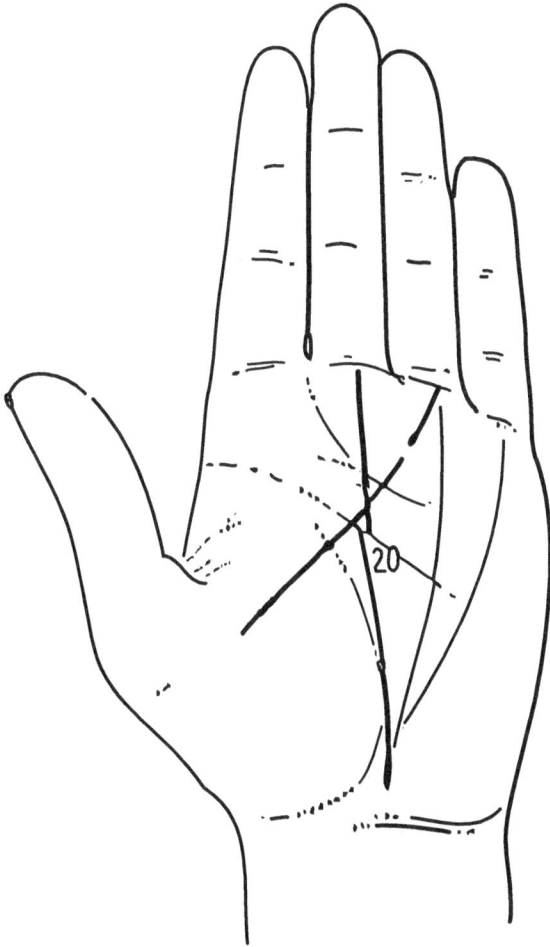

Les âges et les événements (données inconnues des auteurs des traités de Chiromancie moderne).

Ces trois points, surtout les deux derniers, sont des points de repère infaillibles.

La rencontre de la *ligne de tête* et de la *ligne de fatalité*, c'est 20 ans juste.

La rencontre de la *ligne de cœur* et de la *ligne de fatalité*, c'est 40 ans juste.

La rencontre de la *ligne de Mercure ou d'Apollon* et de la *ligne de fatalité*, c'est 10 ou 12 ans.

En divisant par le milieu ces diverses lignes, on obtient les âges intermédiaires :

30 ans au point du milieu de la ligne de cœur et de la ligne de tête (voy. la figure), et ainsi des autres.

On ne trouve ces données dans aucun des livres « classiques » sur la question. J'en garantis dans 90 cas sur 100.

On regarde donc si la ligne de fatalité se coupe et est traversée par une autre ligne au niveau de l'un quelconque de ces points et on en déduit l'âge d'un événement. Ainsi supposons une main qui ait le signe suivant :

Un peu après la vingtième année (rencontre de la saturnienne et de la ligne de tête) ; la saturnienne *fait un saut* à droite.

Vous dites :

A 20 ans vous avez changé vos occupations et vous avez eu l'idée de vous lancer dans une vie plus intellectuelle.

Mais voyez la figure. Une ligne traverse la saturnienne un peu après vingt ans et se dirige droit vers Apollon.

Vous dites :

A 20 ans vous avez décidé tout à coup (la ligne qui coupe la fatalité indique une action de la *volonté*) de vous occuper d'art. De là un changement dans toutes vos occupations.

Cet exemple développé par la pratique arrive à tout expliquer.

DE LA CHANCE

La chance est indiquée par *le nombre de lignes qui doublent* la saturnienne.

Ainsi voilà une main qui a de la chance de 20 à 30 ans, qui la perd de 30 à 40 et qui la rattrape à 40 ; mais au point de vue de la *position matérielle*.

La *très grande chance* est indiquée par une ligne doublant la saturnienne dans presque toute sa longueur.

DE LA VIE PHYSIQUE ET DES MALADIES

Les maladies se voient dans la *ligne de vie*. Je ne puis garantir absolument les prédictions de la mort à tel ou tel âge d'après les considérations de cette ligne.

Ainsi j'ai examiné dans les amphithéâtres des hôpitaux environ 200 mains presque immédiatement après la mort et je n'ai observé la vérité des prédictions que dans 60 % des cas environ.

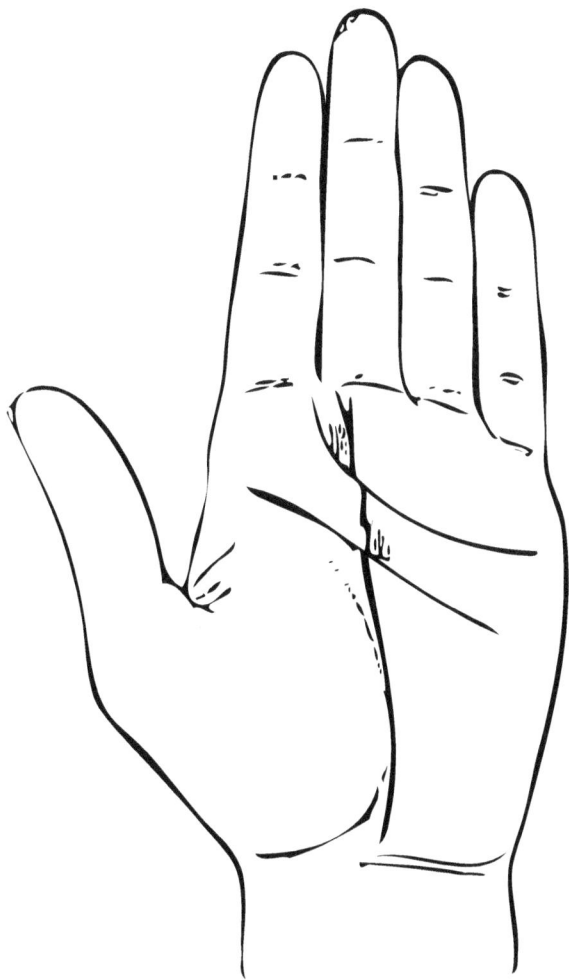

La Chance.

Il faut donc corroborer les enseignements de la ligne de vie par ceux de la ligne de fatalité et surtout par l'examen des
deux mains.

Les âges sont ainsi indiqués dans
cette ligne (on trouvera dans le traité de
Desbarolles la clef de cette division).

Une maladie grave dont on relève est
marquée par une interruption de la ligne
de vie, interruption suivie de la reprise de
la ligne.

Le danger d'apoplexie est indiqué par
l'arrêt subit de la ligne sans reprise.

Les maladies de langueur sont marquées par un affaiblissement continu de la
ligne de vie qui devient à la fin tellement
mince qu'on peut à peine la suivre.

Les paralysies sont en général indiquées par des îles.

DU MOI

Le pouce indique l'homme lui-même
et sa triple division : *Tête* ou phalange su-

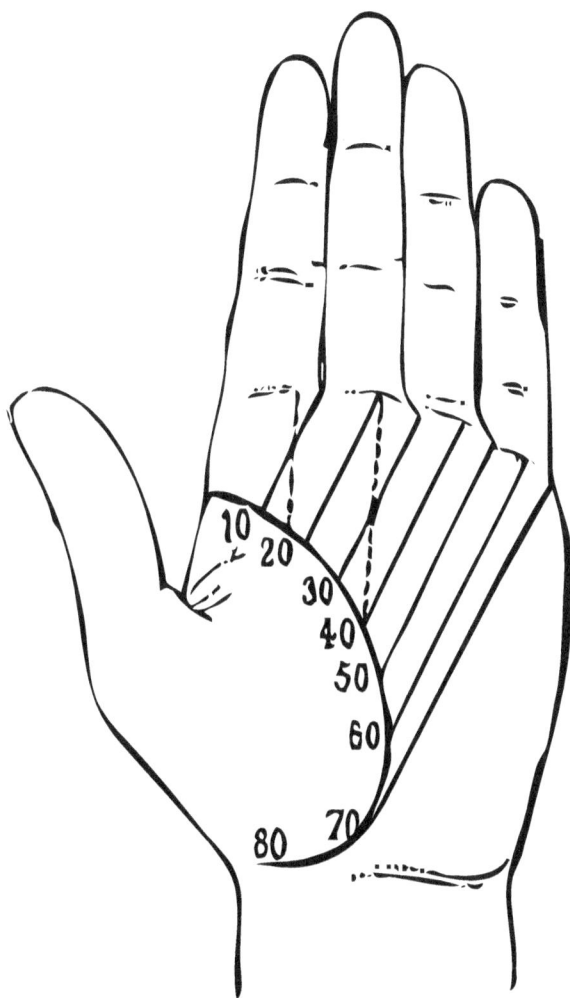

périeure ; *Poitrine* ou phalange médiane et *Ventre* ou Eminence Thénar (l'éminence charnue dans laquelle le pouce prend naissance).

Le caractère de l'individu se voit à la phalange supérieure. Un emporté a cette phalange presque carrée, un généreux a la phalange tournée en dehors.

La phalange supérieure du pouce très large et très grosse par rapport au reste du doigt indique un caractère épouvantable pouvant aller jusqu'à l'*assassinat*.

On raconte que Lacenaire fut suivi longtemps dans sa vie par Vidocq, qui croyait à la chiromancie et qui lui avait trouvé un pouce d'assassin.

Tous ces détails se trouvent très bien exposés dans les livres connus consacrés à cette question.

Rappelons que les anciens considéraient à tel point le pouce comme le symbole de l'homme lui-même qu'on coupait le pouce aux lâches ; de là le mot poltron (pouce coupé, *pollice trunco*).

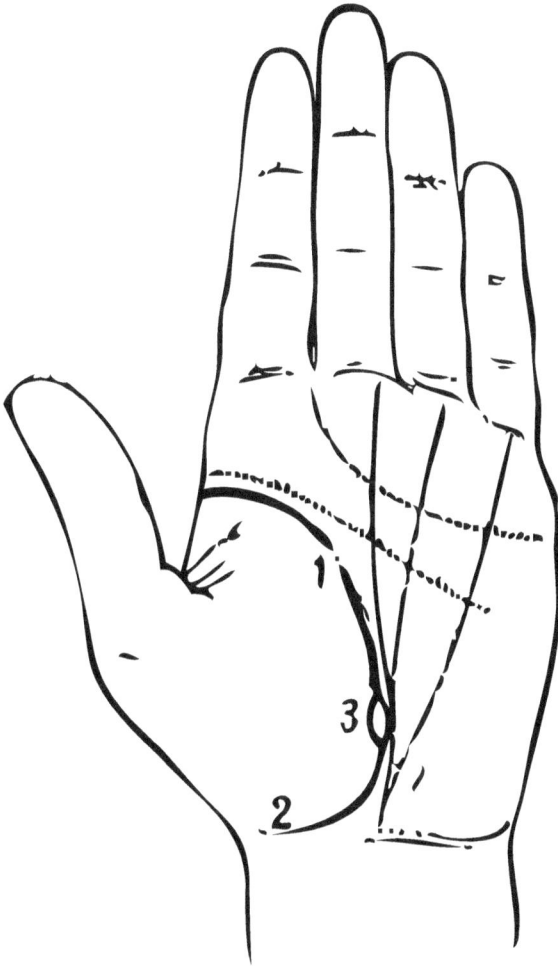

Quelques indications de la ligne de vie.

DE L'AMOUR SENSUEL

L'amour idéal est indiqué dans la ligne de cœur.

L'amour sensuel dans le mont de Vénus.

Les amourettes sont marquées par de petites lignes peu profondes et nombreuses (2).

Les amours sérieuses par de grandes lignes profondes. Il peut n'y avoir qu'un seul amour dans la vie (1).

La figure précédente indique ce fait.

La tendance, à la luxure est indiquée par des grilles au bas du mont de Vénus (3).

MARIAGE D'AMOUR

Le mariage d'amour est indiqué par une croix sous Jupiter (4).

La croix mal formée indique que le mariage sur le point de se faire ne s'est pas conclu.

Quand une barre accessoire traverse la croix en bas, elle indique des empêchements très grands au mariage.

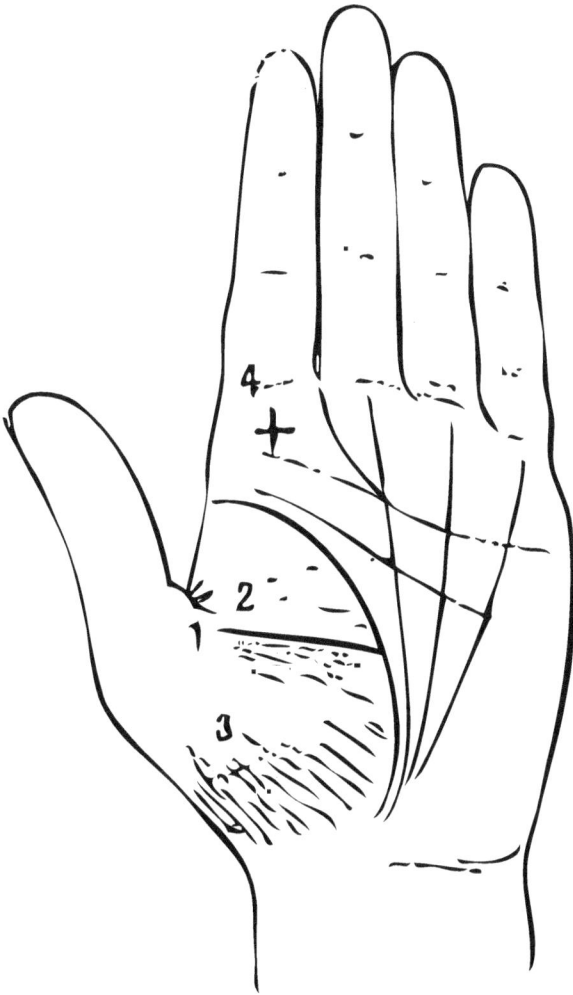

Un seul amour sérieux dans la vie, mariage d'amour.

DE LA VOLONTÉ

La volonté est marquée par la profondeur de la *ligne de tête*, qui indique aussi le courage.

Les blessures physiques qui dépendent de *Mars*, sont aussi indiquées sur cette ligne par des points.

Les anciens traités de chiromancie du XVIᵉ siècle divisent cette ligne en âges pour indiquer les événements.

La rencontre de la saturnienne et de cette ligne, c'est 20 ans.

La rencontre de la ligne du soleil avec elle, c'est 40 ans.

La rencontre de la mercurielle c'est 60 ans, Philippe May a donné une division équivalente. Les perpendiculaires abaissées du milieu de la racine du médius c'est 25 ans, du milieu de la racine de l'annulaire c'est 50 ans, et du milieu de la racine de l'auriculaire c'est 73 ans.

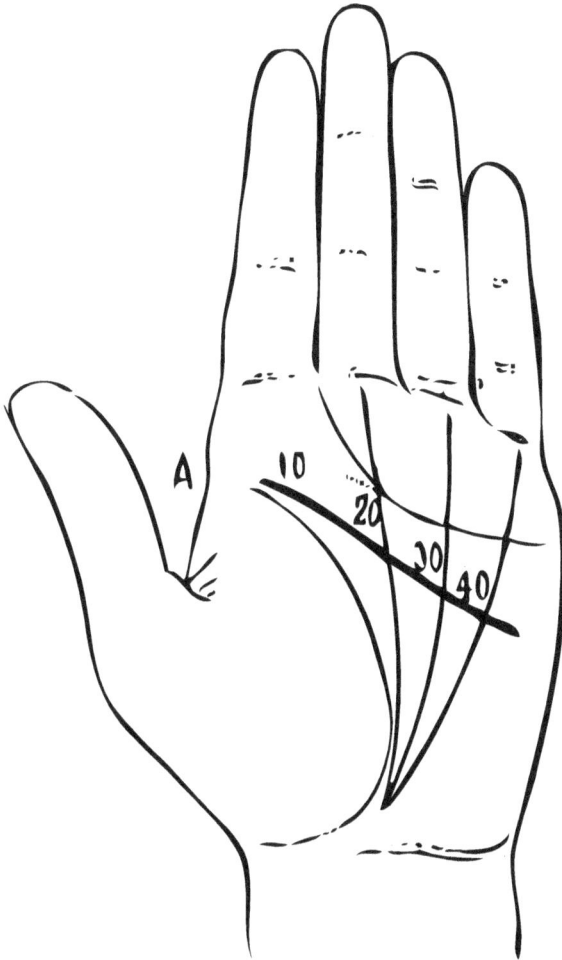

Les âges de la ligne de tête (lignes de Mars
inconnues des modernes).

DE L'AUDACE ET DE LA RÉUSSITE

Une remarque importante à faire et celle par laquelle on doit commencer l'observation de toutes les mains, c'est que :

Quand la ligne de tête et la ligne de vie sont séparées l'une de l'autre (comme dans la figure précédente en A), l'individu a une confiance inébranlable en son étoile et en lui et réussira presque tout ce qu'il entreprendra.

Quand ces lignes sont unies par de petites lignes intermédiaires, l'individu a confiance en son étoile, mais pas en lui.

Quand les lignes sont intimement unies, l'individu se désole toujours, n'a confiance en rien et manque la plupart de ses entreprises.

DE LA VIE SENTIMENTALE

Les passions de source sentimentale, chagrins moraux et amours idéales, sont indiquées par la *ligne de cœur* (ligne de Jupiter).

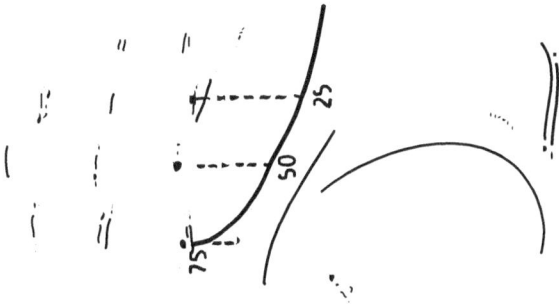

Plus cette ligne est marquée, plus l'individu pst généreux et magnanime, plus il est susceptible de dévouement, plus il a de cœur.

On peut voir l'époque des grands chagrins moraux par des divisions de cette ligne ou des croix qu'elle renferme et en considérant les âges qui y sont marqués.

La rencontre de la mercurielle et de la ligne de cœur, c'est 10 ou 12 ans.

La rencontre et de la ligne de cœur et de celle d'Apollon, c'est 20 ans.

La rencontre avec la saturnienne, c'est 40 ans.

On trouvera les détails sur cette ligne dans tous les traités de chiromancie.

DE L'ART — DE LA FORTUNE

La longueur de la ligne d'Apollon indique là faculté d'inventer ou d'idéaliser.

Quand cette ligne est accompagnée d'une foule d'autres petites lignes sous le doigt d'Apollon, l'individu a des tendances artistiques très développées (A).

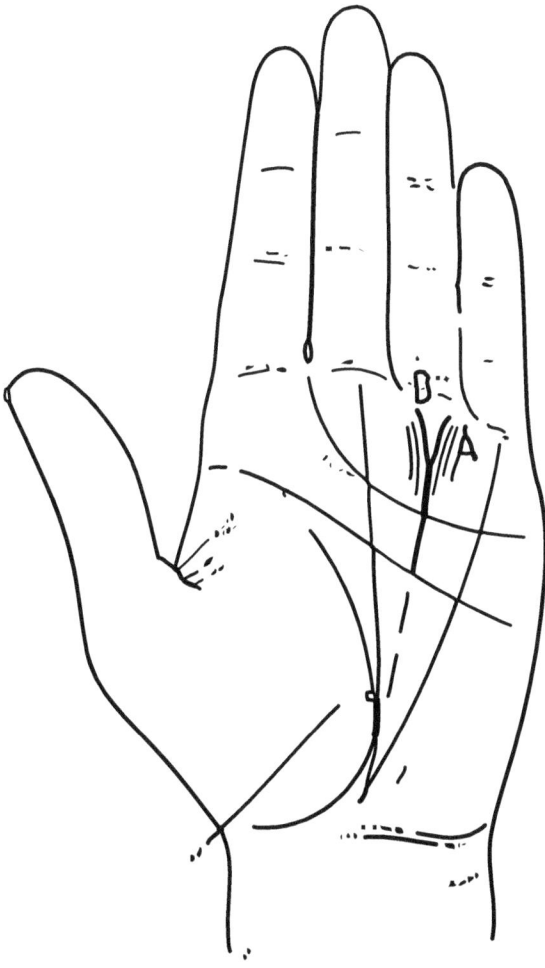

L'art et la fortune.

Les musiciens ont d'habitude une foule de petite lignes peu marquées, les poètes ou les peintres ont moins de lignes, mais plus profondes.

Une fourche en haut de cette ligne indique la fortune (B).

DE LA SCIENCE

La ligne de Mercure accompagnée de petites lignes sous le petit doigt indique le goût *de la science* (et non spécialement de la médecine, comme dit Desbarolles).

On verra le genre de science par l'existence ou la non existence de la ligne d'intuition se continuant dans la main.

De même que le pouce devenu pernicieux indiquait l'assassinat, le petit doigt spatulé, c'est-à-dire matérialisé et finissant *en massue* (voir les travaux de d'Arpentigny) indique la tendance *au vol*, péché mignon du dieu Mercure qui reçoit en même temps les hommages des commerçants et des voleurs.

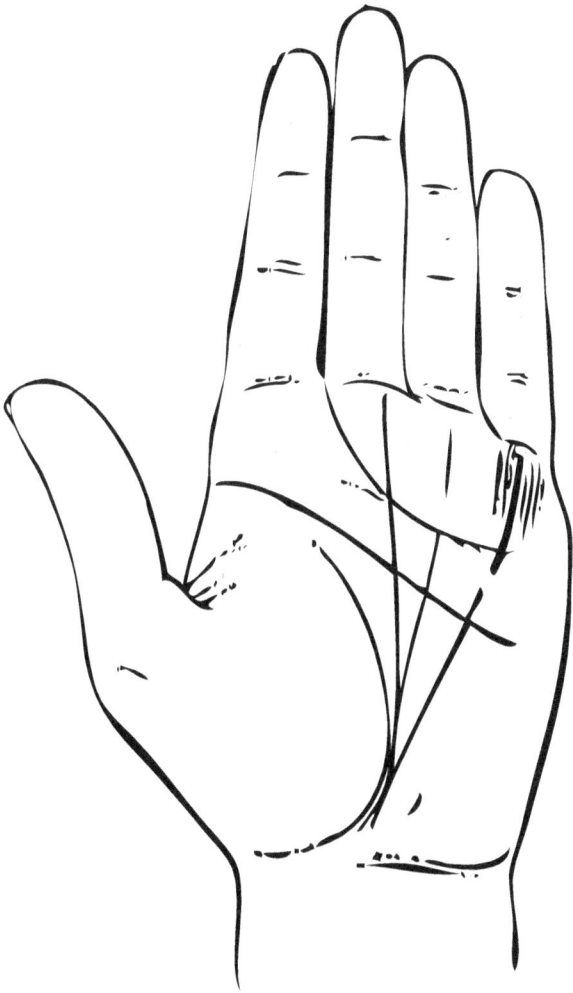

La science.

DU COMMERCE

Une seule ligne profonde sous Mercure indique le goût du commerce.

GOUT DE LA GLOIRE OU DE L'ARGENT

L'idéal du théoricien, c'est la gloire.

L'idéal de l'homme pratique, c'est l'argent.

Pour voir de suite quel est celui de ces goûts qui domine chez un individu, on regarde quel est celui des doigts, index ou annulaire, qui dépasse l'autre. Cette comparaison est très facile, grâce à Saturne.

Si l'annulaire (Apollon) dépasse, c'est que l'amour de la gloire l'emporte sur l'amour de l'argent, et qu'on préfère en général l'idéal à la vie pratique.

Le contraire a lieu si Jupiter dépasse Apollon.

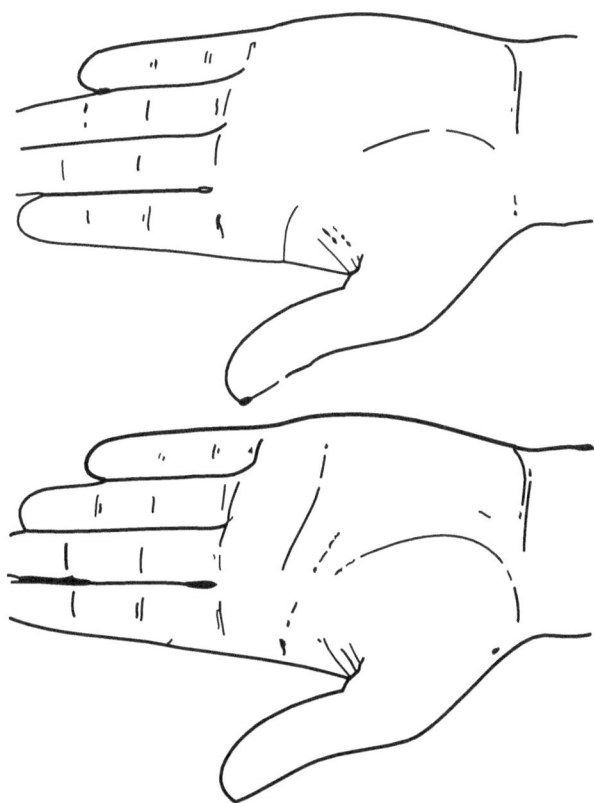

DEUXIÈME PARTIE

CHIROMANCIE ANALYTIQUE

QUELQUES MOTS SUR L'HISTOIRE DE LA CHIROMANCIE

Dans les sanctuaires initiatiques de l'antiquité, toutes les sciences étaient ramenées, par l'union de la Métaphysique avec la Mathématique, à une synthèse lumineuse et profonde. La scission entre les sciences de l'Esprit et celles de la Nature brisa la Mathèse originelle[1] et, dès lors, commença cette anarchie scientifique qui devait aboutir au triomphe passager du matérialisme. L'Astrologie fut séparée de l'Astronomie, l'Alchimie de la Chimie, l'Hermétisme de la Médecine, la Physiognomonie de Anatomie et la Magie de la Physique. Toute la portion réellement spirituelle et lumineuse de la Mathèse devint, sous le nom de Sciences occultes, un ensemble de théories prétendues mystiques et dont on s'éloigna avec horreur, alors que

---

1 Voy. Malfati de Monteregio, La Mathèse.

*l'autre portion de la Mathèse, la portion maté-
rielle et obscure, devint, sous le nom de Sciences
exactes ou d'observation un ensemble de connais-
sances auquel les générations modernes de chercheurs consacrèrent toute leur intelligence. Mais
les sciences métaphysiques ou occultes ne furent
plus étudiées que par quelques hardis novateurs
qui furent, du reste, généralement considérés par
leurs adversaires comme des charlatans ou comme
des fous.*

*Les Sciences de divination déductives et in-
tuitives furent de même scindées, à l'infini, par
la suite des âges et la divination par l'inspection
de l'être humain se partagea en une foule de sections : divination par la forme des traits ou physiognomonie, divination par les lignes inscrites sur
le visage (et en particulier sur le front) ou meto-
poscopie, divination par les lignes de la main ou
chiromancie, etc., etc.*

*La divination par les lignes de la main ou
chiromancie subit à son tour diverses transforma-
tions.*

*Primitivement rattachée aux sciences herméti-
ques dans la section médicale, la chiromancie était
purement astrologique. Plus tard (XIV, XV, XVIe*

siècles) à cette chiromancie astrologique vint se
mêler une traduction élémentaire pour le peuple,
dans laquelle il n'y avait aucun nom de planète ;
la chiromancie physique[2].

Enfin au xixe siècle, peu après la transfor-
mation opérée par Gall dans la physiognomonie
par l'élude des bosses de la tête, le capitaine d'
Arpentigny modifiait considérablement la chiromancie par l'étude de la forme des doigts ou chirognomonie. Enfin, quelques chercheurs contemporains, parmi lesquels nous citerons Me Louis
Mond, posèrent les bases d'une chiromancie comparée ou étude du rapport de la forme des mains et
de ses lignes avec le visage ou avec l'écriture.

La plupart des auteurs contemporains ne se
donnant pas la peine de faire ces distinctions font
une salade de tous ces systèmes dans laquelle la
chirognomonie, de création récente, côtoie la tradi-
tionnelle chiromancie astrologique, elle-même obs-
curcie par la chiromancie physique. Et le lecteur
abasourdi ne sait plus comment se reconnaître
dans ces détails aussi multiples que mal exposés.

---

2 Voy. Dans la suite de ce chapitre les détails à ce sujet.

DIVISIONS A ÉTABLIR DANS L'ÉTUDE DE LA MAIN

———————

L'étude de la main est une véritable science pour le chiromancien. — Cette étude a donc besoin d'être partagée en plusieurs sections qui en facilitent la compréhension.

Le praticien remarque d'abord que la main est formée de trois segments principaux.

1° Son attache avec l'avant-bras : *le poignet*.

2° Le centre d'implantation des doigts et la base même de la main : *la paume*.

3° Les organes articulés qui rayonnent autour de la paume : *les doigts*.

Le but que poursuit le chiromancien est la connaissance des rapports qui peuvent exister entre les indications fournies par la main et les impulsions fatales ou volontaires que subit l'individu. — Pour déterminer ces indications, l'artiste étudiera successivement.

1° La forme de la main, sa consistance, sa couleur, etc., dans ses trois divisions de poignet, de paume et des doigts. C'est-à-dire qu'on étudiera successivement les indications fournies par la forme du poignet, par la forme ou la consistance de la paume, par la forme ou la consistance des doigts, etc.

C'est là la section dénommée *Chirognomonie*.

2° Après la forme, l'artiste abordera l'étude des lignes qui sillonnent les formes.

C'est là la section dénommée *Chiromancie* proprement dite.

3° Après avoir considéré les enseignements fournis par la forme et les lignes
de la main, l'artiste, s'élevant encore plus
haut, recherchera *la raison d'être* de ces
formes et de ces lignes d'où il déduira le
rapport existant entre la main et le visage,
entre la main et l'écriture, etc., etc.

Ce sera là la section s'intéressant à la
Philosophie de la main ou *Chirosophie*.

On voit donc que le terme de
Chiromancie, par lequel on désigne généralement l'étude de la main, ne répond
pas à toutes les divisions de cet art ; mais
comme ce terme comprend la section la
plus anciennement étudiée, il est permis
de le conserver pour dénommer l'ensemble, mais en faisant les distinctions nécessaires.

Si maintenant l'on remarque que la
description, l'analyse et la synthèse ainsi
spécifiées doivent successivement aborder l'étude des trois parties de la main :
poignet, paume et doigts, on verra qu'il
existe :

Une Chirognomonie
Une Chiromancie   } du poignet
Une Chirosophie

Une Chirognomonie
Une Chiromancie   } de la paume
Une Chirosophie

Une Chirognomonie
Une Chiromancie   } des doigts
Une Chirosophie

Le tout synthétisé dans la Chirosophie astrologique ou comparée — par laquelle la Chiromancie se rattache aux autres sciences de divination.

CHAPITRE PREMIER

DE L'ÉTUDE DES FORMES OU CHIROGNOMONIE

On peut arriver, par la simple inspection des formes des diverses parties
de la main, à des déterminations des
plus précises, concernant le caractère et
les aptitudes d'une personne quelconque. Mais on n'obtiendra par ce moyen
aucune indication concernant les événements qui ont agi ou qui peuvent agir sur
cette personne. — Il est donc bien important de délimiter dès le début l'éten-
due des renseignements fournis par la
Chirognomonie nom donné par (d'Arpentigny) qui correspond pour la main à
l'étude des bosses ou Phrénologie pour la
tête et à l'étude des traits ou Graphologie

pour le Geste. — On doit étudier successivement la forme des trois parties de la main : 1° le poignet ; 2° la paume ; 3° les doigts, après avoir vu rapidement la main en général.

Mais auparavant, consacrons quelques mots à l'histoire rapide de la Chirognomonie.

Les traités les plus anciens de Chiromancie consacrent quelques paragraphes à l'étude de la main en général, considérée dans sa forme, sa consistance et sa couleur. Les chiromanciens classiques du xvie siècle établissent tous la division triple : en poignet, paume et doigts, qui date de la plus haute antiquité. Quelques-uns s'occupent de la paume ou des doigts ; mais d'une façon très superficielle.

C'est au capitaine d'Arpentigny (1863), que nous devons la création presque complète de cet art de la CHIROGNOMONIE *ou Art de reconnaître les tendances de l'Intelligence d'après les formes de la main*, ainsi que l'indique le titre du célèbre ouvrage de cet auteur.

Plus tard Desbarolles a modifié, en les augmentant, les enseignements de d'Arpentigny et, depuis, tous les traités de Chiromancie renferment une section consacrée à la Chirognonionie. — Nous allons donner à nos lecteurs le plus possible d'extraits des auteurs classiques.

§ 1. — DE LA MAIN EN GÉNÉRAL

1° *Données fournies par Ronphyle* (1665). — La première chose qu'il faut faire, c'est de considérer la disposition et la proportion de la main entière ; car, si elle répond aux autres parties du corps humain, elle marque un homme composé et doué de bonnes mœurs et, au contraire, si elle ne leur répond pas, elle signifie un homme incomposé et attaché de quelques mauvaises habitudes.

Couleur

Il faut aussi très attentivement remarquer la couleur de la main et ensuite porter son jugement conformément à la nature de la planète à qui cette couleur est attribuée.

Divisions à établir

La table (de la couleur des planètes et de leur qualité) sera de très grande utilité si le Chiromancien, qui examine la main entière, sait prudemment et parfaitement faire le rapport de la grandeur, de la médiocrité ou de la petitesse (lesquelles sont les premières différences de la main) et de même de la subtilité, de la grosseur et de l'épaisseur (lesquelles sont les sous différences de la main qui peuvent convenir à chacune des précédentes différences) avec les couleurs et les autres qualités de la dite main, telles que sont la sécheresse et l'humidité, et il est très certain qu'il pourra exercer cet art avec une grande facilité.

DE LA GRANDE MAIN

Parlant généralement, la main grande est un signe d'un homme bienveillant et affable.

Grande et grêle, elle marque un homme ingénieux et estimateur de soi même.

Grande et grasse, celui qui a une telle main est moins amateur de soi même et, s'il se rencontre que sa main soit peinte d'une belle couleur, il sera fort enclin à la charité et à la libéralité ; et d'ailleurs, quoiqu'il soit doué d'un bon esprit, ce ne sera pas néanmoins au même degré que celui qui a des mains également grandes et grêles, à cause que celui-ci a plus de feu que celui-là.

Grandes, épaisse et rude, celui qui l'a de cette façon ne peut être que mélancolique et, par conséquent, moins affable et moins libéral.

Il faut toujours augmenter ou diminuer le bon ou le mauvais augure que l'on peut tirer d'une main, suivait la bonne ou la mauvaise couleur dont elle sera peinte.

DE LA MAIN MÉDIOCRE

Médiocre et grêle. Esprit très subtil (principalement si elle est humide).

Médiocre et grasse sans humidité, elle marque quelque difficulté d'apprendre. Toutefois, si vous y ajoutez une couleur pure, éclatante et claire, elle signifie un homme fortuné et destiné aux dignités et aux belles charges.

Médiocre, grasse et humide, de couleur bleue, homme bénin, bon, affable et quelque peu luxurieux (dominé par Vénus et Jupiter).

Id. Mais de couleur blanche, elle désigne un homme phlegmatique (dominé par la lune).

Id. Mais de couleur rouge. — Homme superbe, libéral, magnifique et, peut-être encore, mépriseur des autres (dominé par Jupiter et Mars).

Médiocre, épaisse et grosse, homme stupide et robuste.

DE LA PETITE MAIN

La petite main marque le plus souvent un homme orgueilleux et colérique.

Petite et grêle. Superbe. Colère. Luxure, mélancolie.

Petite, grêle et humide. Diminution des mauvaises influences. Homme ingénieux.

Petite, grêle et sèche, jointe à quelque couleur de Saturne ou de Mercure, elle découvrira clairement un homme larron, fin, soupçonneux et rêveur.

Petite et grasse. La graisse affaiblit le mauvais augure qui provient de la petitesse de la main et elle l'affaiblit d'autant plus qu'elle est accompagnée d'une plus agréable couleur et, au contraire, elle le diminue d'autant moins qu'elle est unie à une couleur plus avantageuse.

DE LA MAIN PELÉE ET DE LA MAIN VELUE

Main pelée. Efféminés, peu enclins aux plaisirs de la chair.

Main velue. Inconstants, peu sages quoique très forts.

MESURE DE LA PROPORTION DE LA MAIN

Pour être proportionnée la main doit contenir les mesures suivantes[3].

Mesurez la distance qui sépare le milieu de l'auriculaire du milieu de l'annulaire. Vous aurez ainsi une longueur qui doit être contenue quatre fois dans la largeur de la main (de l'index à la fin de l'insertion de l'auriculaire) et neuf fois dans la longueur (du bout du médius, à la racine du poignet) pour une main heureuse et bien proportionnée.

Mais il est facile de remarquer que cette longueur est égale à celle de la seconde phalange du médius, du premier pli au premier pli voisin, ce qui permet de prendre

---

3   Voy. PH. MAY DE FRANCONIE, *Chiromancie Médicinale* chap. VIII. Nous avons ajouté quelques détails insignifiants aux excellentes données de cet auteur.

également la longueur de cette phalange comme type.

De plus, pour être sûr que la main est bien proportionnée, il faut que la distance qui sépare le milieu de l'insertion de l'index du milieu de l'insertion du petit doigt soit égale à la longueur de l'index depuis sa racine jusqu'au bout du doigt.

Quand cette proportion se rencontre cela indique :

1° Un homme de cœur, courageux et vertueux.

2° Une bonne santé.

3° Un bon tempérament.

Quand la proportion ne se rencontre pas, cela indique :

1° Un homme superbe, lâche, efféminé et paresseux.

2° Une nature faible et débile.

3° Un mauvais tempérament.

Application de ces règles aux femmes.

Lorsque cette proportion se rencontre dans les femmes, elle y produit les mêmes effets et encore plus grands que dans les hommes, car elle leur promet un bonheur particulier dans leur enfantement, et au contraire sa privation les menace d'enfanter avec d'extrêmes douleurs et même quelquefois avec dangers de mort.

Quand la main se trouve plus large qu'elle ne doit cure, elle aura aussi une signification plus importante et, particulièrement, quand il s'agit de l'esprit des femmes, cette proportion produira sans doute un effet qui ne lui sera pas favorable ; mais quand il sera question de leur enfantement, les mains inégales, plus grandes et plus larges qu'elles doivent, être, leur pronostiqueront plus de profit que de dommage, et s'il arrive aussi alors que le triangle soit bon, il indiquera à une femme qu'elle sera heureuse dans ses couches.

§ 1. — DES MAINS

D'après d'Arpentigny (1863).

Aux *grandes mains*, l'esprit de minutie et de détail.

Aux *mains moyennes*, l'esprit synoptique, le génie ergoteur et subtil, l'amour de la polémique, l'instinct de controverse ; se rencontrent fréquemment chez les personnes dont les *mains petites* et larges joignent à des doigts déliés des nœuds et des phalanges carrées.

Les très petites mains effilées ont le *synthétisme*. Quand elles sont en majorité dans les masses, elles sont un signe de décrépitude nationale. Les grandes paumes et les phalanges dures et inertes président au contraire aux premiers développements des peuples. Elles bâtissent des pyramides, des enceintes cyclopéennes. Elles adorent des fétiches.

§ 2. — DU POIGNET

La chirognomonie du poignet est entièrement à créer. Elle doit indiquer les relations de caractère qui unissent le consultant à ses ascendants, et le peuple, par l'étude des « attaches » aristocratiques ou non, a posé les premières bases de cet art, que l'expérience permettra de développer comme il le mérite.

Ceux que cette étude intéresse devront étudier les rapports qui existent entre les formes des doigts et la forme (ronde, carrée ou elliptique) du poignet. Il faudra, de plus, voir si l'attache de la main au poignet se fait par deux lignes formant un angle aigu (attaches fines, aristocratie), un angle obtus (grosses attaches, simplicité) ou si les deux lignes restent parallèles (attaches droites, énergie).

§ 3. — DE LA PAUME
(d'après d'Arrentigity)

Trop grêle, trop étroite, trop mince, elle indique un tempérament faible et infécond, une imagination sans chaleur et sans force, des instincts sans portée ; un goût plus délicat que solide, un esprit plus subtil que grand.

Si vous l'avez souple, d'une épaisseur et d'une surface convenables, c'est-à dire en harmonie avec les proportions des doigts et du pouce, vous serez apte à tous les plaisirs (privilège inappréciable !) et vos sens, facilement excités, tiendront en haleine les facultés de votre imagination.

Que sans cesser d'être souple, elle offre des développements trop marqués, l'égoïsme et la sensualité seront vos penchants dominants.

Enfin si son ampleur est tout à fait hors de proportion avec les parties de la main, si elle joint à une dureté excessive, une épaisseur excessive, alors elle indiquera des *instincts* et une individualité marquée au coin d'une *animalité* sans idée.

DES MONTS

Au niveau de la racine de chaque doigt, ainsi qu'à la percussion, la paume présente de petits bourrelets charnus, appelés *Monts* par la Chiromancie et qui sont développés de façon différente chez les divers individus.

A la racine du pouce est le *Mont de Vénus* qui indique tout ce qui se rapporte à la famille, à l'amour et aux enfants.

A la racine de l'index est le *Mont de Jupiter*, qui indique tout ce qui se rapporte à l'ambition et au dévouement. — (C'est le Mont de cœur).

A la racine du médius est le *Mont de Saturne*; indiquant le Fatalisme et la Tristesse.

A la racine de l'annulaire est le *Mont .du Soleil* indiquant la gloire et la fortune ainsi que les tendances artistiques.

A la racine de l'auriculaire est le *Mont de Mercure*, indiquant le commerce, la médecine, les sciences naturelles.

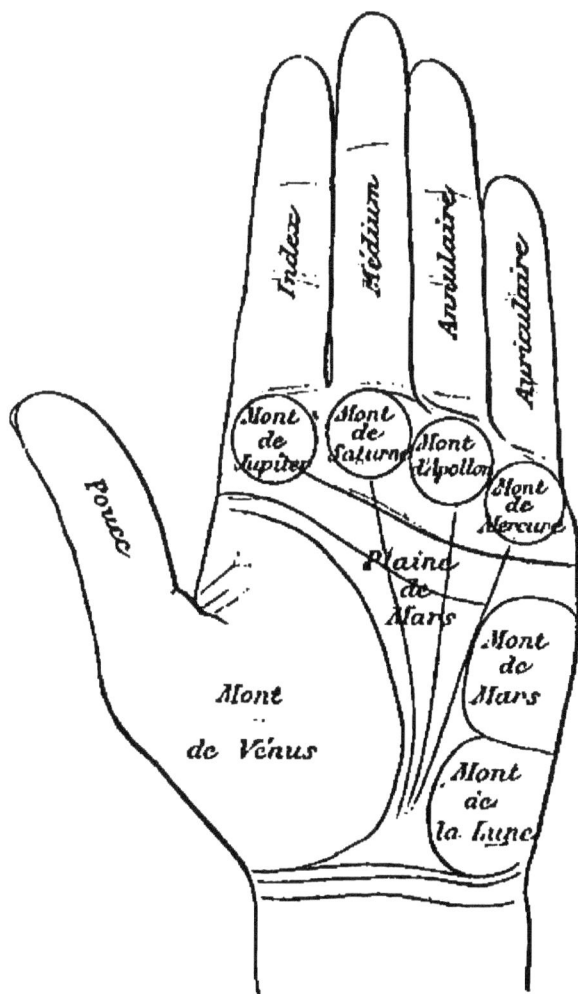

Les Monts.

A la percussion de la main se trouve en bas, du côté du poignet le *Mont de la Lune*, qui se rapporte à l'imagination et à l'eau.

Enfin Desbarolles admet un *Mont de Mars*, au dessus du Mont de la Lune, c'est le mont du *Courage* et de la *Tête*.

§ 4. — DES DOIGTS

Le créateur de la Chirognomonie des doigts est sans contredit d'*Arpentigny*, qui a basé presque tout son système sur cette étude.

Aussi allons-nous donner des extraits fidèles de cet auteur, de manière à résumer de notre mieux son ouvrage devenu introuvable. Nous y ajouterons de plus des figures et des remarques qui éclaireront les passages qui pourraient demeurer encore obscurs pour nos lecteurs.

Il y a des doigts lisses, et il y en a de noueux. Parmi ces derniers, ceux de telle main n'ont qu'un nœud, ceux de telle autre en ont deux. Les nœuds significatifs ne sont pas ceux qu'on ne découvre qu'à l'aide du tact; mais ceux que l'œil aperçoit d'abord et facilement.

Nos doigts se *terminent* ou en spatule, c'est-à-dire en s'élargissant plus ou moins, ou carrément, c'est-à-dire par une phalange dont les lignes latérales se prolongent parallèlement ou en cône plus ou moins aigu.

A ces différentes formes sont attachés autant de signes différents.

DES DOIGTS

Les DOIGTS LISSES, même ceux qui se terminent en *spatule* ou *carrément*, ont tous

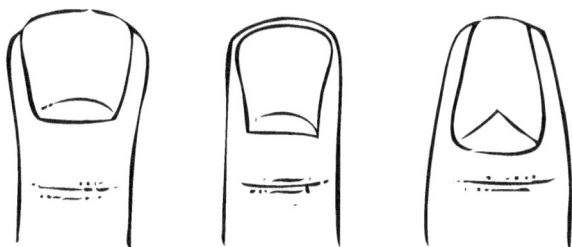

Doigt spatulé Doigt carré Doigt pointu

l'humeur plus ou moins ARTISTIQUE, si positif que soit le but vers lequel leur instinct les pousse, ils procéderont toujours par l'inspiration plutôt que par le raisonnement, par la fantaisie et le sentiment plutôt que par la connaissance, par la synthèse plutôt que par l'analyse.

Un homme dépense annuellement le double de son revenu, cependant sa maison, où tout est à sa place, brille par l'arrangement et la symétrie. — Doigts lisses à phalange carrée et même en spatule.

DES NŒUDS

Si le nœud qui lie votre première phalange à la seconde est saillant *vous avez de l'ordre dans les idées* (A); si celui qui lie votre seconde phalange à la troisième est saillant, vous avez une dose remarquable d'ordre matériel (B).

Le premier nœud n'existe jamais sans le second : celui-ci au contraire existe très souvent sans le premier. Ce qui implique

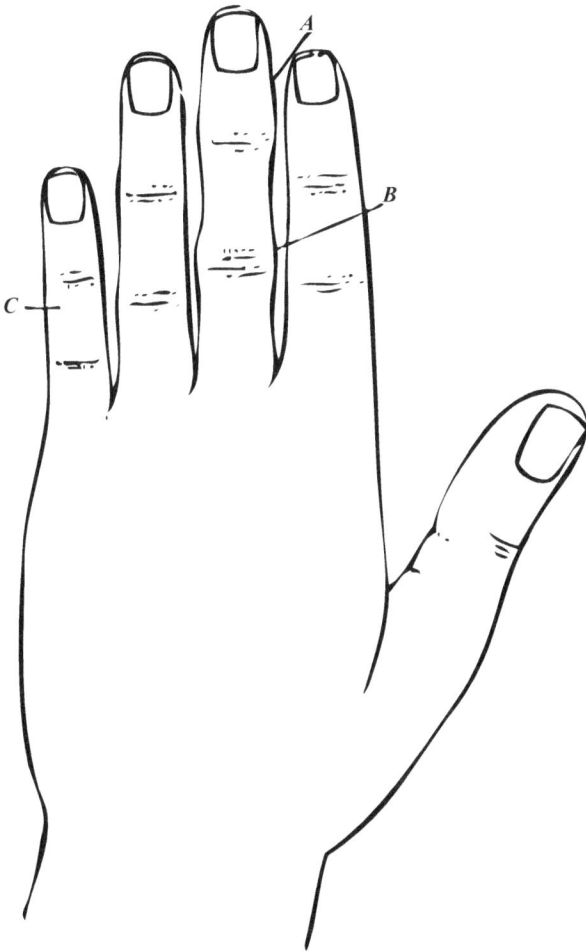

Fig. A nœud philosophique, B nœud matériel,
C doigt lisse.

que l'ordre extérieur est toujours dans les *facultés* des personnes douées de l'ordre moral, tandis que nombre de gens, connus pour leur *ponctualité*, par exemple, n'en ont pas moins, pour cela, l'esprit très illogique.

LES SEPT MAINS TYPIQUES DE D'ARPENTIGNY

Nous avons sous les yeux sept mains appartenant à autant d'individus. Elles sont tendues vers nous sans s'appuyer sur rien, et les doigts entrouverts.

1. — *Doigts lisses à spatule.*
2. — *Doigts noueux à spatule.*

La première est munie de doigts lisses se terminant en spatule.

La seconde est munie de doigts noueux se terminant aussi en spatule.

A toutes les deux, *à cause de la phalange* en spatule, le besoin impérieux d'agitation corporelle, de locomotion et très généralement d'occupation manuelle. Plus d'entrailles que de cervelle ; la science des *choses* par leur côté utile et physiquement sensible. Amour des chevaux, des chiens, de la chasse, la navigation, la guerre, l'agriculture, le commerce.

A toutes les deux, le sens inné des choses tangibles ; l'intelligence instinctive de la vie *réelle*, le culte de la force physique, le génie du calcul, des arts industriels et mécaniques, les sciences exactes applicables, les sciences naturelles et expérimentales, les arts physiques, l'administration, le droit, etc.

Aversion marquée pour les hautes sciences philosophiques, pour métaphysique transcendante, pour la poésie spiritualiste et même souvent pour toute espèce de poésie, pour les subtilités, pour tout ce qui ressort du monde et des idées spéculatives.

Seulement :

Comme les doigts *lisses* procèdent, ainsi que je viens de le dire, par l'inspiration, la passion, l'instinct, l'intention et les doigts noueux (à double nœud) par le calcul, le raisonnement, la déduction, les probabilités, les mains aux doigts lisses excellent surtout dans les arts par la locomotion, dans les sciences applicables où l'adresse spontanée et le génie prime-sautier prévalent sur la combinaison.

3. — *Doigts lisses à terminaison carrée.*
4. — *Doigts noueux à terminaison carrée.*

A toutes les deux, *à cause de la phalange carrée*, le goût des sciences morales, politiques, sociales, philosophiques; poésie didactique, analytique, dramatique, la grammaire, les langues, la logique, la géométrie; — amour de la forme *littéraire*, du mètre, du rythme, de la symétrie, de l'arrangement, de *l'art défini et convenu*, vues plutôt justes que grandes, génie des affaires, respect personnel, idées positives et moyennes, instinct du devoir et de l'autorité, culte du vrai *pratique*, bel esprit, esprit de conduite, amour de la progéniture et *généralement* plus de cervelle que d'entrailles.

Aux phalanges carrées sont dues les théories, les méthodes qui régissent, non pas les hautes poésies, elles n'y atteignent pas, mais les *lettres*, les sciences et quelques arts. Elles portent le nom d'Aristote inscrit sur leur drapeau et marchent en tête des quatre facultés.

Ce type ne brille pas par l'imagination comme les poètes l'entendent. Toutefois ce qui, dans les limites qui la circonscrivent, ressort de cette faculté, appartient aux doigts *lisses*, comme la littérature proprement dite ; j'entends celle qui n'a qu'elle-même pour fin ; et ce qui ressort du raisonnement, de la combinaison, comme les sciences sociales, l'histoire, etc., appartient aux doigts noueux.

Descartes, Pascal avaient les doigts noueux ; Chapelle, Chaulieu les avaient lisses.

Les doigts en spatule ont l'action et le *savoir faire* d'abord, puis le *savoir* ; les doigts carrés ont le *savoir* d'abord, puis le *savoir faire*.

5. — *Doigts lisses à terminaison pointue.*

Cette cinquième main a des doigts lisses dont la phalange offre la forme d'un cône ou d'un dé à coudre.

Arts plastiques, peinture, sculpture, architecture monumentale; poésie de l'imagination et des sens (Arioste), culte du beau par la forme solide et visible; entraînements romanesques, antipathie pour les déductions rigoureuses; besoin d'indépendance *sociale*, propension à l'enthousiasme, assouplissement à la fantaisie.

Cette même main *avec des nœuds*; même génie avec plus de combinaisons et de force morale.

6. — *Doigts noueux à terminaison ovoïde.*

Cette autre main a des doigts noueux avec des phalanges quasi carrées, quasi coniques (le premier nœud donnant à la phalange extérieure une forme à peu près ovoïde).

Elle indique un génie tourné vers les idées spéculatives, vers la méditation, vers les hautes sciences philosophiques et les déductions rigoureuses *par la parole*. Amour du vrai absolu; poésie de la raison, de la pensée, haute logique; besoin d'indépendance *politique*, *religieuse* et *sociale*; déisme, démocratie.

C'est la main philosophique.

7. *Doigts lisses à terminaison pointue.*

Contemplation, *religiosité*, idéalité, insouciance des intérêts matériels, poésie de l'âme et du cœur, lyrisme, besoin d'amour et de liberté; culte de tous les genres du beau, par la forme et par l'essence; mais par l'essence surtout.

J'ai donné à cette main, à cause de ses attributs, le nom de main psychique.

RÉSUMÉ

Ainsi aux doigts en spatule et carrés, Dieu a donné la matière et la réalité, c'est-à-dire l'industrie, les arts *utiles* et *nécessaires*; l'action, la théorie des choses l'intelligence *des faits*, les hautes sciences; — ainsi aux doigts coniques et pointus, Dieu a ouvert le champ dans limites de l'idéalité; aux doigts coniques en leur donnant l'intuition du beau *selon le sens extérieur*, *l'art* — aux doigts pointus, en leur donnant l'intuition du vrai et du beau, *selon le sens intérieur*, la haute poésie, la *philosophie idéaliste*, le lyrisme.

DU POUCE

> A défaut d'autres preuves,
> le pouce me convaincrait
> de l'existence de Dieu.
>
> NEWTON.

De même que sans le pouce, la main serait un instrument défectueux et incomplet, de même sans la volonté *morale*, la logique, la décision, facultés dont le pouce à différents degrés offre les différents signes, l'esprit le plus fécond, le plus brillant ne serait qu'un don sans valeur.

Ainsi que les animaux, nous avons une volonté *d'instinct*, une logique *d'instinct*, une décision *d'instinct*; mais le pouce ne représente que la volonté *raisonnée*, que la logique *raisonnée*, que la décision *raisonnée*.

L'animal supérieur est dans la main, l'homme est dans le pouce.

Sur la racine du pouce (mont de Vénus des Chiromanciens) siège le signe de la *Volonté raisonnée* dont vous mesurez l'intensité à la longueur et à l'épaisseur de cette racine. Elle éclaire aussi, disent les Chiromanciens, sur le plus ou le moins de penchant pour l'amour. Au fait, aimer c'est vouloir, et vouloir c'est aimer. — Seulement j'affirmerai que l'entraînement des sens est plus impérieux chez les petites racines que chez les grandes, attendu le peu de volonté raisonnée, le peu de force morale dont elles sont pauvres.

Dans la deuxième phalange est le signe de la logique, c'est-à-dire de la perception, du jugement, du raisonnement.

Et dans la première est celui de l'invention, de la décision, de l'initiative.

L'avez-vous étroite, grêle, mince, courte, cette phalange ? Absence complète de décision ; assujettissement aux opinions reçues, aux idées d'autrui ; doute, incertitude sans fin, et, à la longue, insouciance morale.

Cet éternel état de votre esprit ; cette incapacité de prendre un parti, vous en donnerez une explication logique, si votre seconde phalange est développée.

Vous aurez, au contraire, des idées arrêtées, des convictions fortes et tenaces,

vous serez probablement en même temps
un mauvais raisonneur (tant la nature est

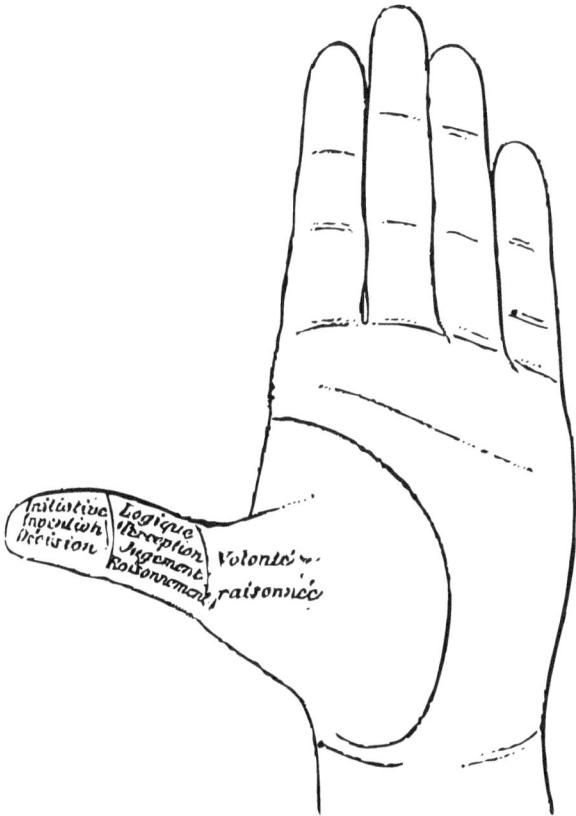

avare de largesses), un homme doué de plus
de passion morale que de jugement, si votre première phalange était longue et forte,
l'autre au contraire est grêle et courte.

En général, un pouce petit, chétif, annonce un génie irrésolu, ondoyant, dans les choses bien entendu qui ressortissent du raisonnement et non du sentiment, et non de l'instinct.

Les gens à petit pouce sont gouvernés par le cœur (pouce de tolérance) et respirent plus à l'aise dans l'atmosphère des sentiments que dans celle des idées, ils voient mieux avec *l'œil du moment* qu'avec celui de la réflexion.

Les gens à grand pouce sont gouvernés par la tête (pouce d'exclusivité) et respirent plus à l'aise dans l'atmosphère des idées que dans celle des sentiments, ils voient mieux avec l'œil de la réflexion qu'avec l'œil du moment.

DE LA MANIÈRE DE BIEN ÉTUDIER LA FORME DES DOIGTS

1° Appliquer la main sur une grande feuille de papier blanc, assez grande pour contenir cette main, les doigts étendus et la paume contre le papier.

2° Avec un crayon effilé, suivre bien exactement le contour de chaque doigt, en faisant successivement le tour de chaque doigt.

On aura ainsi un décalque de la main des plus fidèles et des plus utiles. — Il suffira de prolonger avec une règle les lignes obtenues pour voir.

1° *Si les doigts sont pointus*, alors les lignes se rencontreront plus ou moins haut.

2° *Si les doigts sont spatulés*, les lignes s'éloigneront de plus en plus l'une de l'autre.

3° *Si les doigts sont carrés*, les lignes resteront parallèles.

Dans la même main certains doigts peuvent être spatulés, d'autres carrés, d'autres pointus. La correspondance astrologique éclaire alors sur l'interprétation de chaque signe.

CHAPITRE II

DE L'ÉTUDE DES LIGNES OU CHIROMANCIE

Les formes n'indiquent, ainsi que nous l'avons vu, que les tendances de caractère. Des enseignements bien plus détaillés vont nous être fournis par l'étude des lignes.

Il y a des lignes sur le poignet, il y a des lignes sur la paume, il y a des lignes sur les doigts. Chacune de ces sections mérite une étude spéciale et détaillée.

Cause de l'obscurité de beaucoup de traités classiques.

DES DEUX CHIROMANCIES

Division générale des lignes de la main

Lorsqu'on ouvre les anciens traités de Chiromancie on est surpris de rencontrer, pour désigner les lignes, des noms qui s'éloignent beaucoup des noms planétaires, actuellement employés. C'est ainsi que la Saturnienne est appelée *ligne de bonne ou de mauvaise fortune,* les lignes de cœur ou de bonheur, et de tête ou Moyenne Naturelle gardent leur nom; mais la ligne de soleil s'appelle ligne de *Richesse ou de Pauvreté.* A quoi tiennent ces dénominations différentes qui sembleraient indiquer, pour les ignorants, un désaccord entre les Chiromanciens?

A la pénétration mutuelle de deux systèmes de Chiromancie, identiques par leurs conclusions, mais différents par leur point de départ: la Chiromancie physique et la Chiromancie astrologique.

C'est la *Chiromancie physique* qui a dé-
nommé les lignes : de vie, de tête, de cœur,
de fortune, de richesse et de foie comme
elle a décrit sous le nom de *Triangle majeur* l'espace compris entre la ligne de Vie,
la ligne Saturnienne (ou de Fortune) et la
ligne de Tête, de *Triangle mineur* l'espace
compris entre la Saturnienne, la ligne de
Foie (Mercurielle) la ligne de Tête et de
Quadrangle l'espace compris entre la ligne
Saturnienne, la ligne de Foie sur les côtés
et les lignes de Tête et de Cœur en bas et
en haut.

Dans tous ces noms, il n'y a rien de
planétaire ni d'astrologique. Ce semble
être là une traduction de la Chiromancie
astrologique à l'usage du peuple et c'est
le système préféré des bohémiens noma-
des et des diseurs de bonne aventure peu
instruits. — Quoi qu'il en soit, ce système
doit être très ancien, et il a exercé une influence incontestable sur tous les travaux
des Chiromanciens. Mais c'est une cause
d'obscurité très grande pour le lecteur ou
le jeune étudiant qui s'embrouille dès les

premières leçons, entre les Triangles et la Plaine de Mars et qui ne sait plus reconnaître des lignes qui portent tant de noms différents. Cette obscurité disparaît comme par enchantement quand, on sait que ce sont là deux systèmes différents concourant exactement au même but, ce qui nous porte à croire que ces systèmes sont dérivés l'un de l'autre, la Chiromancie physique étant une traduction de l'autre à l'usage du peuple.

LA CHIROMANCIE ASTROLOGIQUE

A côté de cette chiromancie physique, existe le système scientifique dont les clefs sont analogues à celles de l'alchimie ou de l'astrologie ; la chiromancie des Influences ou *chiromancie astrologique*. C'est là que nous trouverons l'origine des divers noms donnés aux lignes par la chiromancie populaire.

Chiromancie physique.

Vénus présidant à la génération et au cours de la vie, la ligne de Vénus est devenue *la ligne de vie*.

Jupiter présidait à la grandeur d'âme, à ce qu'on appelle « le Bon cœur »; sa ligne est devenue la *ligne de cœur*, la ligne du dévouement et du bonheur, la ligne d'Esprit : la Mensale (*mens*) qui indique le côté généreux des impulsions cérébrales dont le côté égoïste est marqué par la ligne de Mars ou de raison de combativité (*ratio*), la ligne du Chef, *la ligne de Tête*, la ligne du raisonnement.

Ce n'est donc pas aux viscères eux-mêmes que ces lignes se rapportent spécialement et les deux lignes horizontales de la main indiquent bien les deux différentes sortes d'impulsions intellectuelles que subit l'être humain :

1° L'impulsion altruiste et de dévouement, l'impulsion de cœur dominée par Jupiter.

2° L'impulsion égoïste et de domination personnelle, l'impulsion de tête et de calcul dominée par Mars.

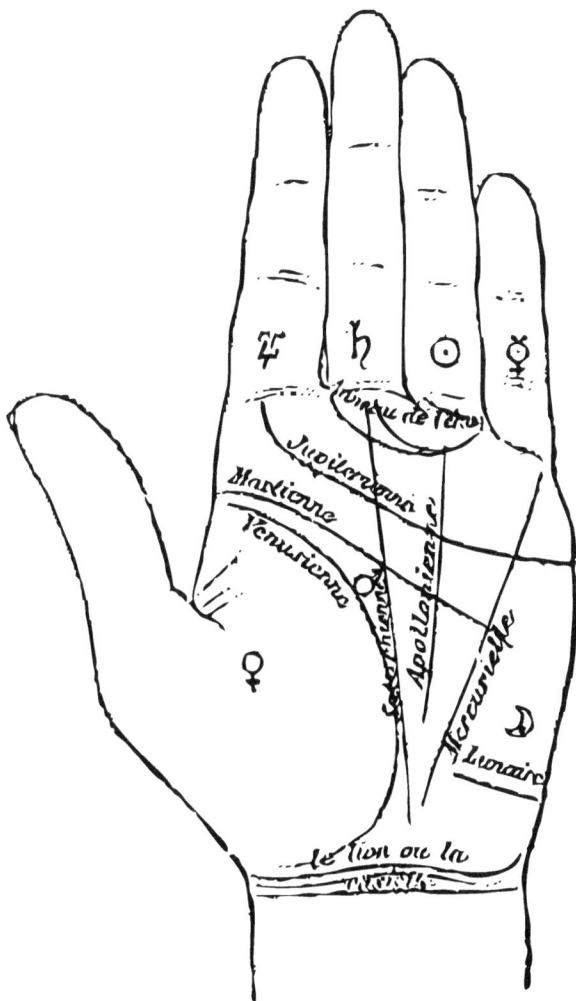

Chiromancie astrologique.

Saturne indiquait l'influence du Destin dans la vie Humaine, sa ligne est devenue *la ligne de la bonne et mauvaise fortune*. (Fortune dans le sens de Destinée ; car il ne faut pas confondre sur la suivante).

Apollon présidait à la Gloire et à l'Argent, sa ligne devient la ligne de *Richesse ou de Pauvreté*.

Mercure, dieu de la Médecine, se voit attribuer une ligne de *foie et d'estomac*.

Ainsi, la traduction simpliste des données astrologiques a permis de créer la chiromancie physique, qui devait, par la suite, tant embrouiller les traités techniques.

Il suffit de rétablir le sens astrologique de chaque ligne, d'après la planète dont elle dépend, pour revenir à une interprétation à la fois claire et rationnelle.

Voici une figure qui, comparée à la précédente, permettra de saisir l'origine de toutes les obscurités des auteurs classiques.

TRADITION ET EXPÉRIENCE

Les données concernant la chiromancie tirent leur origine de deux sources principales.

1° *La Tradition*, qui pose les problèmes à résoudre, et dont l'origine est aussi ancienne que celle de la Science Occulte elle-même, c'est-à-dire qu'on rencontre cette tradition dans ses lignes fondamentales jusque dans les civilisations primitives de l'Inde.

2° *L'Expérience*, qui contrôle les données de la tradition par l'étude des rapports qui existent entre les signes chiromantiques et la vie passée de l'individu et qui tire de là les déductions pour l'avenir.

Chaque chiromancien a donc apport à la tradition des données tirés de sa propre expérience, et les chercheurs contemporains qui s'occupent de chiromancie d'une façon vraiment sérieuse et scientifique, ont surtout porté leurs efforts sur l'unification expérimentale des enseignements de la tradition.

Après ces éclaircissements préliminaires, il nous semble inutile d'aborder l'histoire de la chiromancie proprement dite, qui ne pourrait être qu'une sorte de biographie bibliographique, puisque les auteurs se sont passés, successivement à travers les âges, les données de la tradition enrichie de leurs découvertes personnelles. C'est à Desbarolles que revient le plus grand mérite à ce point de vue et ses ouvrages resteront toujours comme des modèles du genre.

Fidèle à la division classique que les auteurs ont eu le tort de ne pas suivre méthodiquement, dans ses détails, nous allons étudier successivement:

La Chiromancie du Poignet;
La Chiromancie de la Paume (la plus importante);
La Chiromancie des doigts.

Nous décrirons d'abord rapidement les lignes et nous reviendrons ensuite sur les détails.

CHIROMANCIE DU POIGNET

On remarque sur le poignet une série de lignes qui, d'après la tradition, se rapportent à l'âge et aux événements de famille. L'ensemble de ces lignes se nomme la *rascette* (ces lignes sont appelées quelquefois *les restreintes* « restrictæ ») et se rapporte astrologiquement au Lion zodiacal.

Du reste les extraits suivants indiqueront les différentes phases de la tradition aux diverses époques.

Des Rascettes et des Restreintes. — Ces lignes commencent sous la Montagne de Vénus et aboutissent sous celle de la Lune. La première s'appelle Rascette et toutes les suivantes Restreintes.

MAY DE FRANCONIE (chap. XIV).

Les restreintes ou rascettes sont ainsi nommées, ou parce qu'elles bornent et pour parler ainsi restreignent la main; ou parce qu'elles sont restreintes et bornées du petit espace de la plus étroite partie de la main.

RONPHYLE, p. 36.

Regardez si une ligne va de la restreinte à la percussion de la main, c'est un signe de mauvaise fortune ou de malheur. Si cette ligne va de la restreinte à la montagne de Jupiter c'est-à-dire vers l'index, cela signifie que vous ne vivrez pas dans votre pays et que vous irez au loin finir vos jours.

BALSAMO (*Myst. de la Destinée*, p. 66).

Ces lignes en Chiromancie signifient chacune de vingt-cinq à trente ans d'existence Trois belles lignes bien tracées forment ce qu'on appelle en Chiromancie ancienne le bracelet magique, c'est-à-dire santé et richesse. J'ajoute moins d'importance que les anciens à la perfection de ce signe ; mais néanmoins c'est un très heureux pronostic, surtout si la main est intelligemment et énergétiquement disposée. Les anciens prétendaient que s'il se trouve une croix au milieu des lignes de la rascette, c'est héritage. Autant d'héritages que de croix. Ces signes se sont généralement réalisés dans mes expériences ; mais je ne sais encore si je dois les donner comme infaillibles ; cependant je crois très avantageux d'avoir dans les lignes de la rascette une croix ainsi disposée.

Toutefois il est certain qu'une qui part de la rascette sans la toucher absolument et qui en traversant toute la main s'élève sur le mont du Soleil, annonce une réussite des plus brillantes, soit en honneur soit en fortune, quelquefois même en fortune et en honneur.

DESRABOLLES
(*Révélat. Complètes*, p. 151).

Le poignet au Lion a la puissance du secret réel et indique le bonheur conjugal.

Lorsqu'un angle se forme vers la partie supérieure regardant le pouce, c'est le signe certain d'une inséparabilité, malgré le peu d'amour qui existe entre les deux époux.

. . . .

Lorsqu'une croix au mont de la Lune envoie toute sa force vers le bras à l'opposé du pouce, elle indique la mort par naufrage.

. . . .

S'il représente un signe ovale, ou que les deux premières lignes qui sont marquées sur le poignet se rejoignent aux deux extrémités, c'est un signe très favorable ; car il présage de nombreuses successions et on aura dès l'enfance une fortune respectable.

MARIE BURLEN
(*L'Arc-en-ciel*, p. 216 et suiv.)
1894.

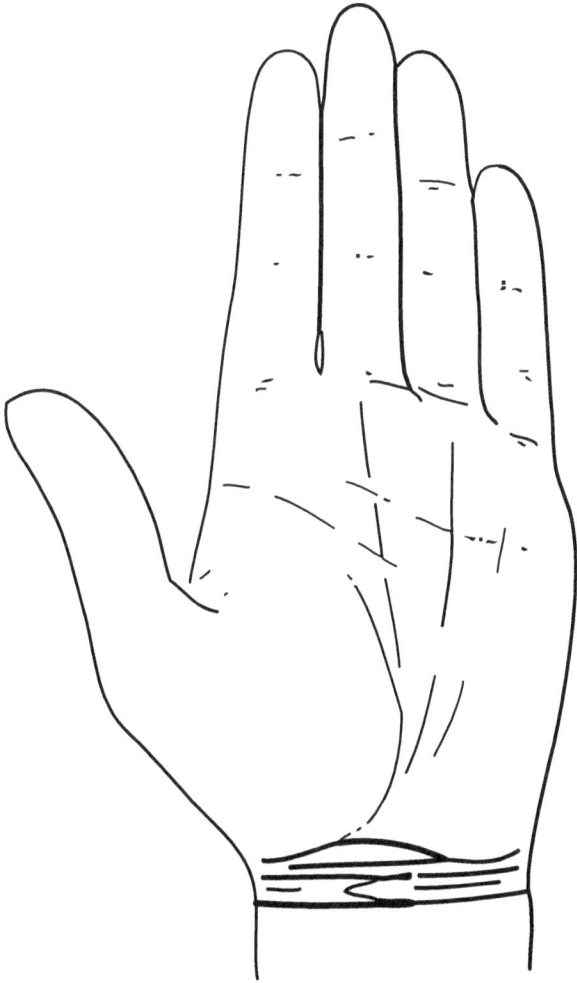

La rascette et les restreintes.

CHIROMANCIE
DE
LA PAUME DE LA MAIN

La paume de la main est sillonnée de lignes dont nous avons déterminé le nom et la situation en tête de cet ouvrage dans nos deux premières leçons sur la Chiromancie Synthétique.

Nous rappellerons la figure d'ensemble et nous aborderons l'étude de chaque ligne dans ses principaux détails. Nous insisterons sur les différents noms donnés aux lignes, de manière à permettre à nos lecteurs de se retrouver toujours dans les dénominations utilisées par les différents auteurs.

LA LIGNE DE SATURNE OU LIGNE DE FATALITÉ (Voy. p. 132 et p. 20).

Dénominations. Saturnienne, Ligne du foie. Ligne de bonne ou mauvaise fortune. Ligne heureuse ou de Saturne.

Situation. Placée sous le médius, qu'elle prolonge verticalement.

Trajet. Commence vers la seconde moitié de la ligne de vie et se dirige vers le mont de Saturne où elle finit généralement — (Peut être plus ou moins compris dans son trajet).

Rapports. Partant de la ligne de vie, coupe successivement: 1° la ligne de tête ou de Mars; 2° la ligne de cœur ou de Jupiter.

Est influencée directement par Vénus et la Lune en bas, par Mars au milieu, par Jupiter et Apollon en haut, indirectement par Mercure.

Indications. La bonne ou mauvaise destinée. Tout ce qui est fatal dans notre existence (et que cependant notre volonté peut modifier si nous en avons la ferme intention). — Les événements et les changements de position.

Ages indiqués. A la rencontre de la ligne de tête : 20 ; à la rencontre de la ligne de cœur, 40 ans.

LA LIGNE DE JUPITER OU LIGNE DE CŒUR
(Voy. p. 131 et p. 26).

Dénominations. Mensale. Ligne de cœur. Ligne des entrailles. Mensale ou de fortune. Ligne de fortune ou de bonheur. Ligne de bonheur.

Situation. La première grande ligne horizontale après la racine des doigts.

Trajet. Commence sous le petit doigt et se dirige vers l'index qu'elle atteint plus ou moins complètement.

Rapports. Coupe successivement : 1° La ligne de Mercure ; 2° la ligne d'Apollon ; 3° la ligne de Saturne.

Est influencée directement par Mercure, par Apollon et par Saturne en haut, indirectement par la Lune et par Mars en bas.

Indications. La vie morale et le bonheur, le dévouement ou l'égoïsme. Toutes les qualités féminines ou de cœur.

Ages indiqués. (Voy. p. 53.)

LA LIGNE DE MARS OU LIGNE DE TÊTE
(Voy. p. 135 et p. 30).

Dénominations. Ligne naturelle ou du cerveau. Ligne de tête. Ligne du chef. Moyenne naturelle. Ligne de santé ou d'esprit. Ligne de l'Esprit.

Situation. La seconde grande ligne horizontale sous les doigts, intermédiaire, entre la ligne de Jupiter ou du cœur et la ligne de Vénus ou de vie (de là son nom pour quelques auteurs de Moyenne Naturelle).

Trajet. Commence à la racine du pouce au même point que la ligne de vie et se dirige vers la percussion de la main.

Rapports. Coupe successivement : 1° la Saturnienne ; 2° la ligne d'Apollon ; 3° la ligne de Mercure.

Est influencée directement par Vénus, Mars et la Lune, indirectement par Jupiter, par Saturne et par Apollon, très peu par Mercure.

Indications. La vie intellectuelle et l'Esprit. Le raisonnement ou l'ignorance. Toutes les qualités masculines ou de la tête.

Ages indiqués. (Voy. p. 53.)

LA LIGNE D'APOLLON, DU SOLEIL OU LIGNE DE RICHESSE (Voy. p. 133 et p. 24).

Dénominations. Ligne d'Apollon. Ligne du soleil. Ligne de richesse ou de pauvreté.

Situation. Sous l'annulaire qu'elle prolonge verticalement.

Trajet. Commence plus ou moins nettement sur la ligne de vie et monte verticalement vers le mont d'Apollon.

Rapports. Coupe successivement : 1° quelquefois la ligne de Saturne à son début; 2° la ligne de tête; 3° la ligne de cœur.

Est influencée directement par Vénus et Mars en bas, par Mercure et Saturne en haut. Indirectement par la Lune en bas, par Jupiter en haut.

Indications. L'art, la gloire et la fortune, la richesse ou la pauvreté.

LA LIGNE DE VENUS OU LIGNE DE VIE
(Voy. p. 130 et, p. 28).

Dénominations. Vitale. Ligne de vie. Ligne de Vénus. Ligne de cœur ou de vie.

Situation. Entoure le pouce à sa racine, la troisième grande ligne horizontale en partant des doigts.

Trajet. Commence sur l'index à la racine du pouce qu'elle contourne jusqu'au poignet.

Rapports. Au commencement avec le début de la ligne de Mars ou de tête, en bas est souvent en rapport avec le commencement des lignes de Saturne et de

Mercure, à la fin avec la rascette (ligne du poignet).

Est influencée directement par Vénus et Mars, indirectement par Jupiter au début de son trajet et par la Lune à la fin, très peu par Saturne et Apollon d'une part, par Mercure d'autre part.

Indications. La santé et le caractère. La génération et la famille. Tout ce qui concerne le mariage ou le célibat, les parents ou les enfants.

Ages indiqués. (Voy. p. 45.)

LA LIGNE DE MERCURE OU LIGNE HÉPATIQUE (Voy. p. 134 et p. 22).

Dénominations. Ligne de Mercure. Voie lactée. Ligne hépatique. Ligne de poumon, foie, estomac. Ligne de foie.

Situation. Sous l'auriculaire qu'elle prolonge verticalement et un peu obliquement.

Trajet. Commence généralement au même point que la Saturnienne et se dirige de là vers le mont de Mercure.

Rapports. Coupe successivement : 1° la ligne de tête ; 2° la ligne de cœur.

Est influencée directement par la Lune en bas, par Apollon en haut, indirectement par Vénus et Mars en bas, par Saturne en haut ; très peu par Jupiter.

Indications. La finesse. Le pressentiment. L'intuition.

Ages indiqués. Rencontre de la Martienne, 25 ans ; de la Jupitérienne, 50 ans.

L'ANNEAU DE VÉNUS

(Voy. p. 130).

L'anneau de Vénus situé au-dessus de la ligne de cœur entre les monts de Jupiter et d'Apollon indique l'amour physique dans toutes ses modalités. Brisé c'est, d'après la tradition, un signe de perversion.

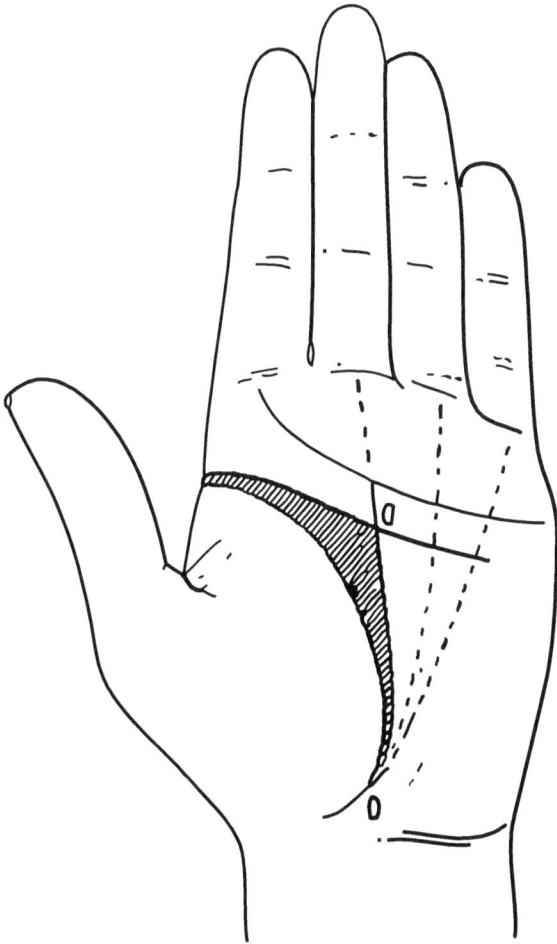

Le Triangle majeur.

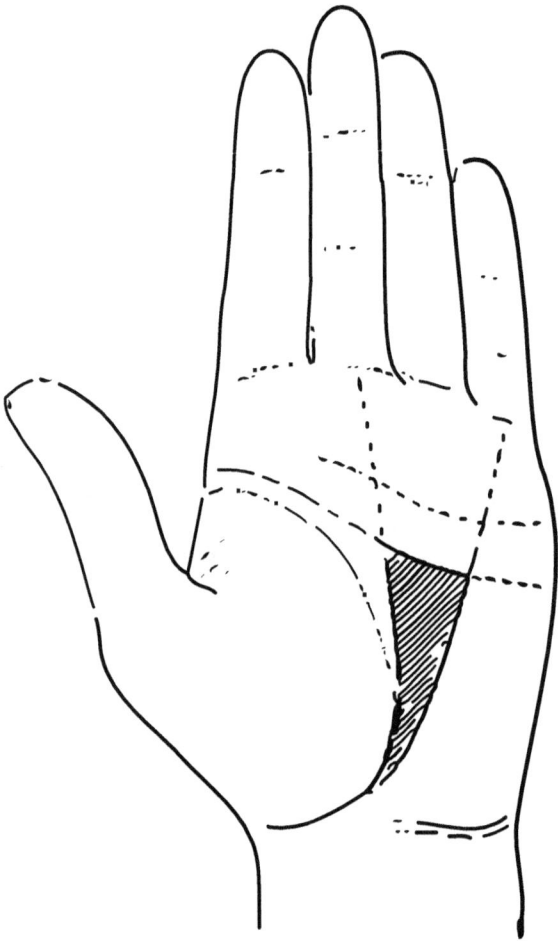

Le Triangle mineur.

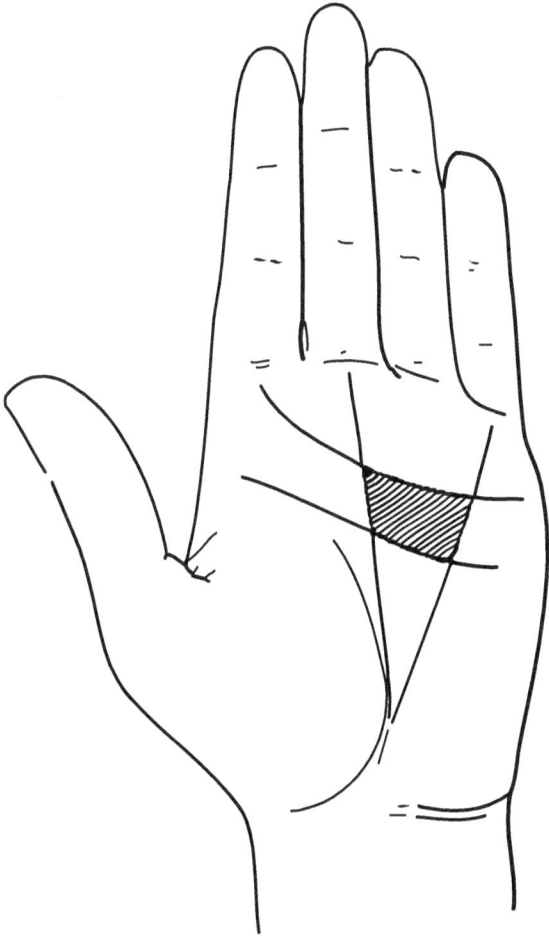

Le Quadrangle.

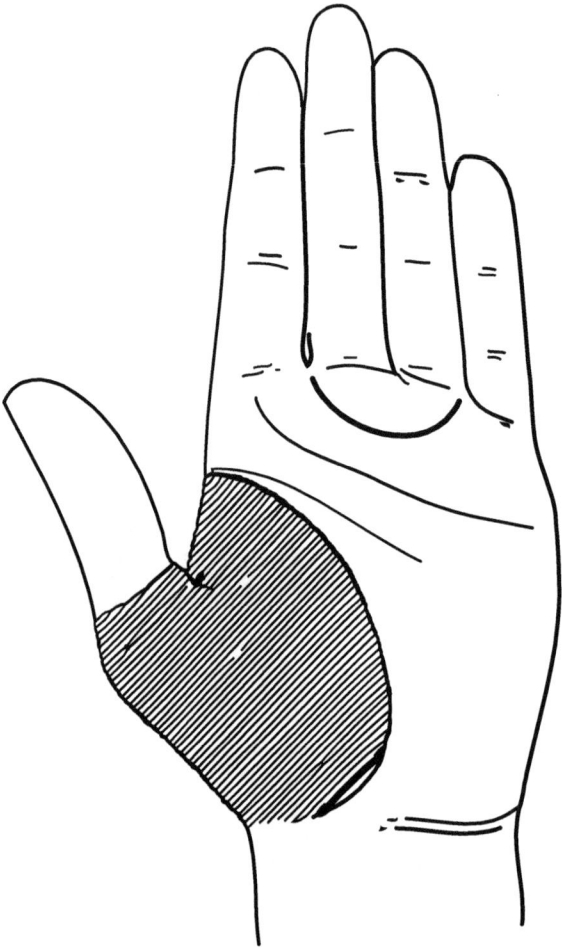

Vénus.

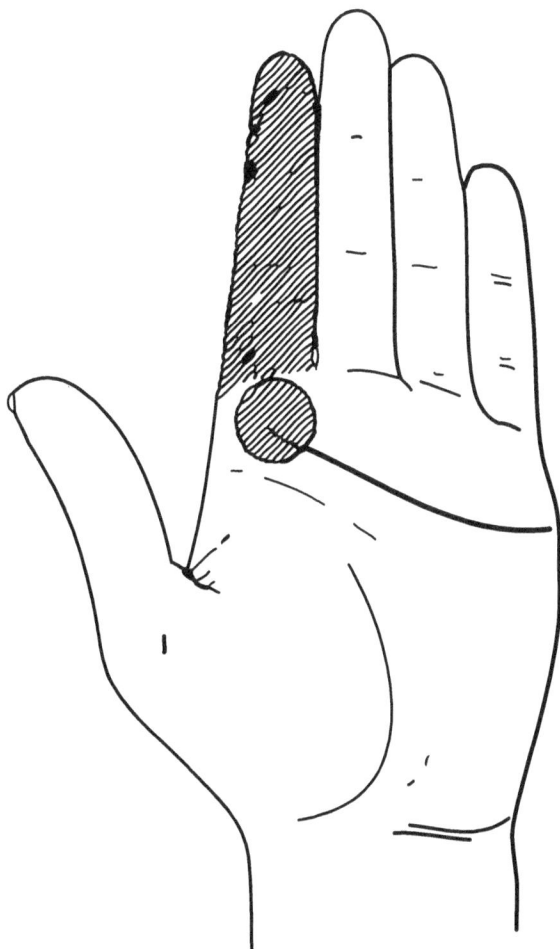

Jupiter.

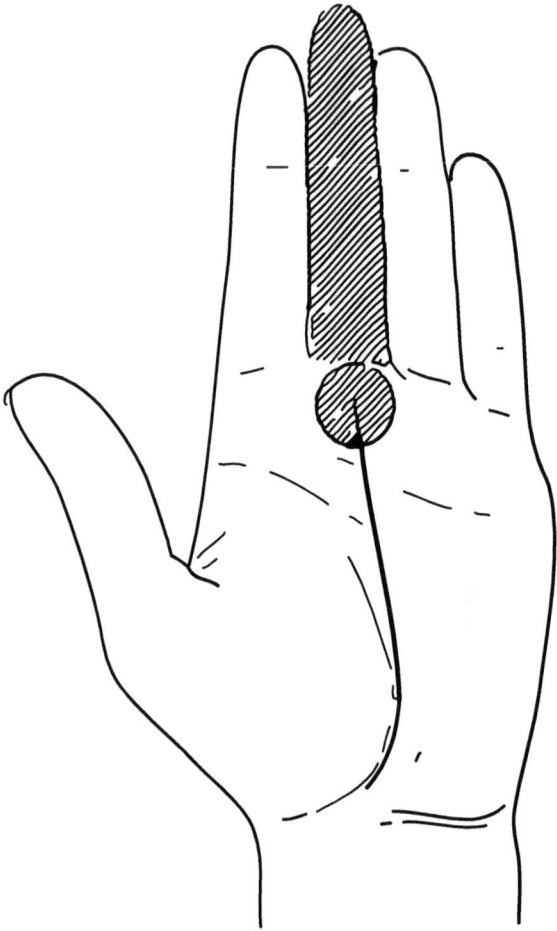

Saturne.

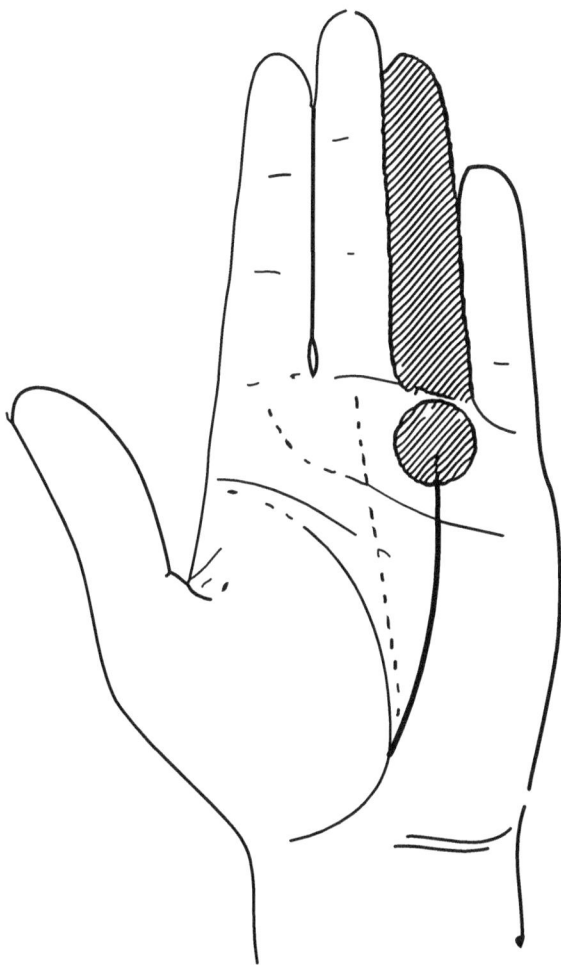

Apollon.

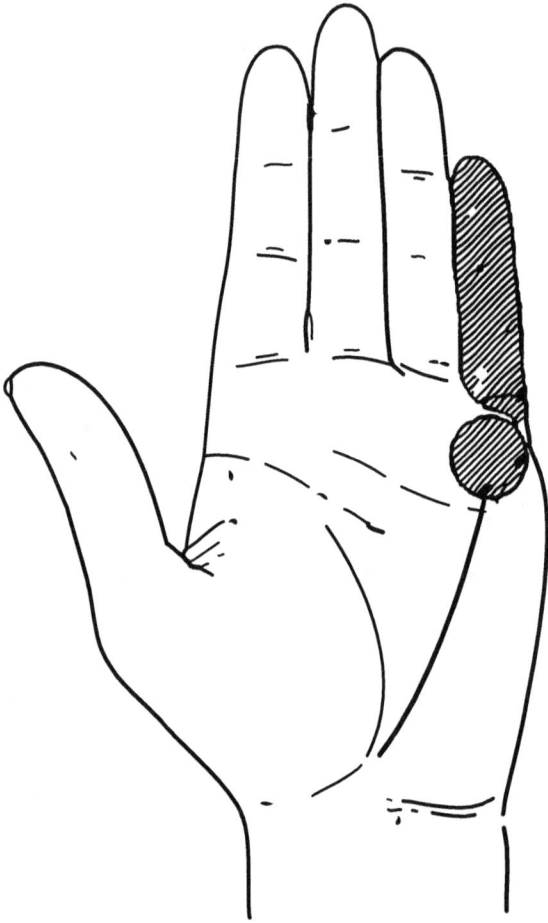

Mercure.

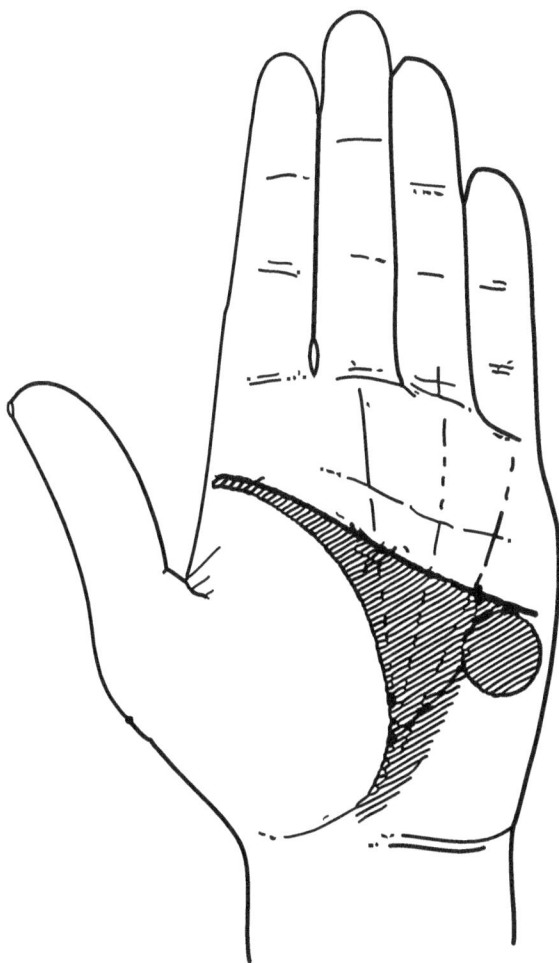

Mars.

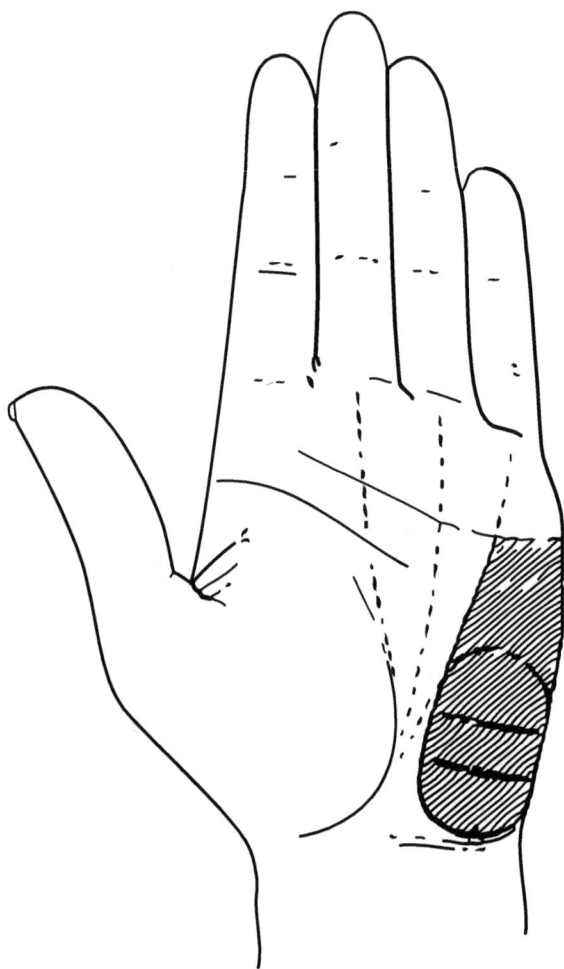

La Lune.

CHIROMANCIE DES DOIGTS ET DES ONGLES

LE POUCE *(L'homme).*

Première phalange. Une étoile. Très bon signe. Prospérité.

Seconde phalange (onglée). Une croix. Pauvreté.

L'INDEX

Première phalange de l'index (suivant le mont). Lignes horizontales indiquent héritage. Une ligne verticale terminée par une étoile grands héritages.

RAPPORT ASTROLOGIQUE. — Mai (les Gémeaux).

Deux lignes parallèles se coupant avec cieux autres indiquent adultère.

Seconde phalange de l'index. Lignes horizontales indiquent envie et mensonge. Lignes verticales et parallèles. Enfants. ASTROLOGIE. *Avril,* le Taureau.

Troisième phalange (onglée) *de l'index.* ASTROLOGIE. *Mars,* le Bélier.

L'AURICULAIRE *(Mercure).*

Première phalange. Un M indique un orateur. AST. Novembre, le Sagittaire.

Seconde phalange. † Croix droite indique prédication. ⊥ Croix renversée indique mauvaise chance. AST. *Octobre,* le Scorpion.

Troisième phalange (onglée). Une croix indique extrême pauvreté. AST. *Septembre,* la Balance.

L'ANNULAIRE *(Apollon).*

Première phalange. AST. *Avril*, la Vierge.
Seconde phalange. AST. *Juillet*, le Lion.

Lignes verticales indiquent grands honneurs, mais peu d'argent.

Troisième phalange (onglée). *Juin*, le Cancer.

De petites lignes verticales dans la main d'une femme indiquent richesse par la mort d'un mari.

LE MÉDIUS *(Saturne).*

Première phalange. AST. *Février*, les Poissons.

Seconde phalange. AST. *Janvier*, le Verseau.

Des grilles détruisent l'influence néfaste de Saturne.

Troisième phalange (onglée). AST. *Décembre.*

Une croix indique stérilité pour une femme.

CHIROMANCIE DES ONGLES

M. Ernest Bose a publié une réédition des ouvrages sur la chiromancie de Philippe May de Franconie[1].

On y lit un traité sur les marques des ongles dans lequel nos lecteurs trouveront de curieux détails. Quelques courts extraits indiqueront le caractère de ce traité.

« Quand on a envie de savoir quelque chose de l'avenir et le mois, la semaine et le jour que cela arrivera, il faut rechercher cela dans les ongles des doigts qui ont la propriété de l'indiquer.

Premièrement chaque ongle croit depuis la racine jusqu'à la fin en trois mois, c'est pourquoi quand un signe commence à paraître et à croître auprès de la racine il n'achève son cours que dans le terme de

---

1 La Chiromancie médicinale suivie d'un traité sur la physionomie, et d'un autre sur les marques des ongles par PHILIPPE MAY DE FRANCONIE, traduit de l'allemand par P. H. FREUSCHES WEZHUAEN avec un avant-propos et une chiromancie synthétique par ERNEST BOSC. 1 vol, In-8, 3 fr. 50. CHAMUEL éditeur.

trois mois, dans lequel espace il produira son effet, s'il n'est empêché par d'autres signes malheureux.

Voici la façon d'opérer.

Chaque ongle est divisé en trois parties : 1° Auprès de la racine, une partie blanche dans laquelle naissent les signes. Cette partie indique ce qui arrivera dans quatre semaines. C'est l'avenir.

2° Le milieu de l'ongle indique le présent -et comprend aussi quatre semaines.

3° La fin de l'ongle en haut indique le passé et comprend ainsi quatre semaines.

Ceci dit, voyons comment il faut interpréter les signes.

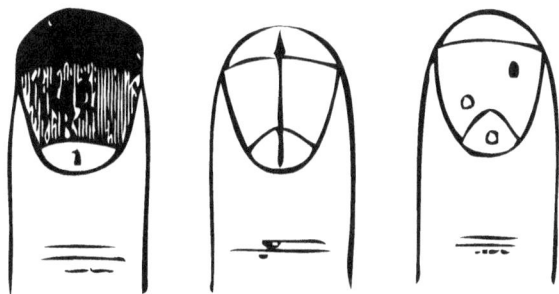

Les marques des ongles.

1° Les signes *blancs* sont bons, les signes *noirs* ou colorés sont mauvais. Les *fosses* en creux sont extrêmement mauvaises.

2° La route normale d'un signe est le milieu de l'ongle ou une voie verticale. (Voy. fig. ci-contre 2° figure).

3° Si un signe blanc se jette sur le côté, c'est diminution du bonheur indiqué; si un signe noir se jette sur le côté, c'est diminution du malheur.

Mais Philippe May ne fait pas la distinction du caractère des signes d'après les doigts influencés. Nos lecteurs n'auront qu'à se reporter aux planètes agissant sur chaque doigt pour combler cette lacune et savoir le genre de malheur ou de bonheur indiqué par un signe.

LES SIGNES MODIFICATEURS

A côté des signes et des monts existent certains signes, qui *modifient* en bien ou en mal les indications générales. Voici tous les détails nécessaires à connaître concernant ces signes.

La croix. (Voy. fig. p. 149.)

Au début d'une ligne arrête le caractère de cette ligne. Elle est donc :

Un mauvais signe si la ligne est bonne.

Un bon signe si la ligne est malheureuse.

A la fin d'une ligne indique l'influence religieuse.

Au milieu d'une ligne indique un obstacle passager dont le caractère est indiqué par la signification de la ligne.

Seule, sur un mont est toujours le signe d'une bonne influence d'un haut, d'un changement inattendu dans la position.

L'étoile.

Mêmes significations que la croix, mais plus intenses.

Indique surtout un événement fatal et inattendu.

Le Carré.

Toujours signe de préservation.

Le point et le rond.

Toujours un mauvais signe, surtout s'ils sont profonds et colorés. Destruction subite des bons effets de la ligne dans laquelle ils se rencontrent. Généralement c'est maladie nerveuse ou accidentent.

L'île. (Voy. p. 47-3.)

Ubiquité dans la ligne où l'île se rencontre. Dans la ligne de cœur cela sera dédoublement de l'affection, deux amitiés rivales en même temps, sur le Mont de Vénus, dédoublement d'amour légitime ou adultère, dans la ligne de tête, dédoublement simultané du raisonnement ou polarisation de la raison, coups de tête dangereux par excès de réflexion.

Les Rameaux. Augmentent la force des lignes et en exagèrent les qualités ou les défauts suivant le genre de la ligne.

Doubles lignes. Accroissent toujours les influences de la ligne-mère.

Grilles. Signe d'excès dans les significations d'un mont ou d'une ligne. Sur le mont de Vénus c'est perversité en amour. (Voy. p. 49-3.)

Le triangle.

Signe d'influence providentielle. Indique l'aptitude aux sciences mystérieuses ou la haute protection du monde invisible suivant le point où se trouve le triangle.

Au sujet de ces signes nous ne saurions trop conseiller au lecteur curieux de lire les faits d'expérience énumérés par *Desbarolles* dans la première partie de ses *Révélations Complètes*.

LA
CHIROMANCIE ASTROLOGIQUE

On a vu que la Chiromancie se rattachait, grâce aux données astrologiques, aux différents arts divinatoires enseignés dans les sanctuaires d'Egypte.

Aussi certains individus présentent-ils, outre le signe dont nous venons de parler, certains hiéroglyphes que le Chiromancien instruit doit apprendre à bien connaître.

Nous donnons ci-contre un tableau de ces signes et nous fournirons de plus dans cette section les correspondances astrologiques traditionnelles qui sont indispensables à tout amateur désireux de se perfectionner dans cet art.

Signatures des Planètes dans les mains.

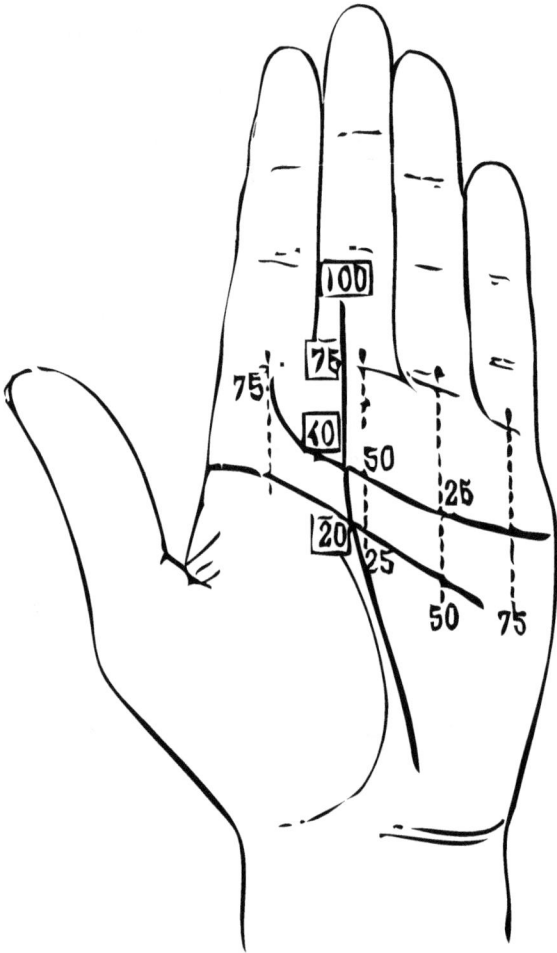

Les âges des lignes pour les déterminations de la
durée de la vie. (Voy. p. 164).

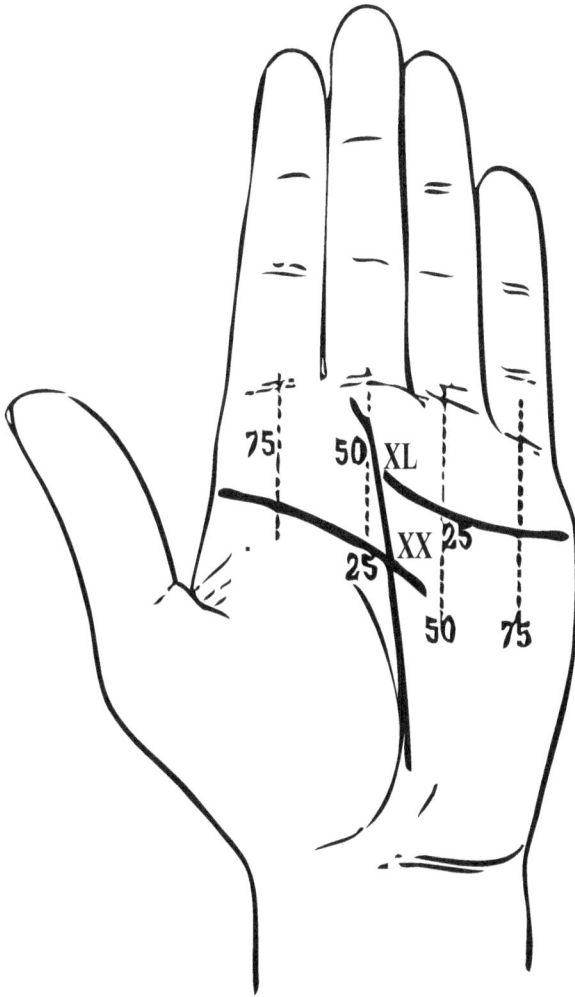

Mort vers 45 ans. (Voy. p. 165).

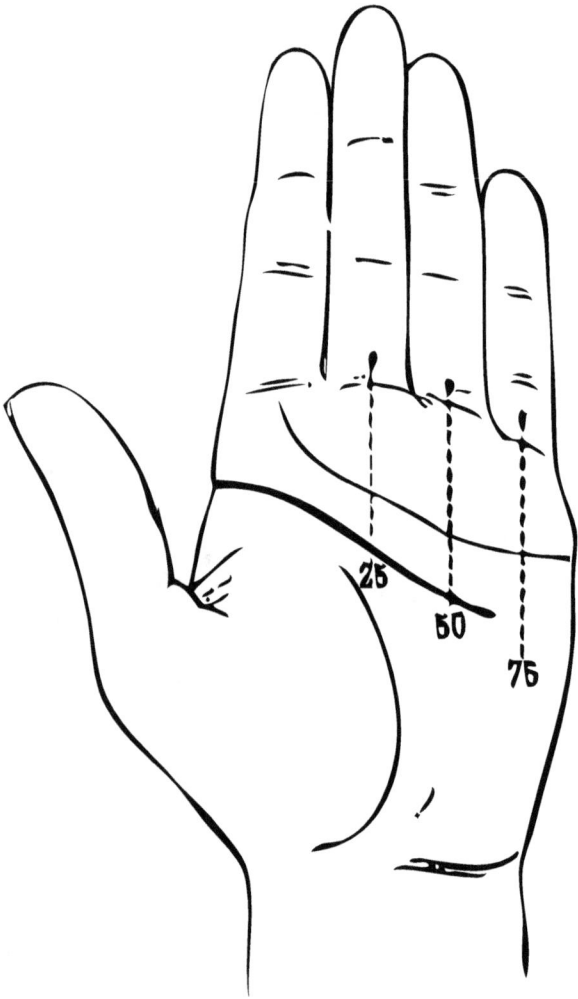

Les âges de la ligne de tête.

CORRESPONDANCES
ASTROLOGIQUES

SATURNE

Indique. La fortune et l'infortune, les choses mélancoliques et l'affliction.

Est en soi. Malin et l'infortune majeure.

Quelques correspondances: Moines, Ermites, Corroyeurs, Savetiers, Potiers, tous les arts mélancoliques. Laboureurs, avares. Tous les ouvrages et offices sordides.

Constitution. Sec et froid avec excès.

Couleurs qu'il donne à la main. Noir. Vert obscur. Plombée.

Tempéraments. La mélancolie pure, (nerveux). La mélancolie mêlée de sang. (Nerv. sanguin). La Pituite mêlée de mélancolie (B. N.).

Signes. Le capricorne, Le verseau. Le scorpion.

Eléments. La terre, la terre mêlée d'air, la terre mêlée de feu.

JUPITER[2]

Les honneurs, les dignités, les lésions et blessures de la tête.

Bénin et la fortune majeure.

Prince, ecclésiastiques, prêtres, juris-consultes, sénateurs, cardinaux. Richesses, Lois. Bénéfices. *La politique et la Gloire.*

Chaud et humide avec modération.

Couleur, Rouge.

Tempérament. La colère mêlée de sang.

Signe. Le sagittaire.

Elément. Le feu mêlé d'air.

MARS

La force, la colère et les choses qui ap-partiennent à la guerre.

Malin et l'infortune mineure.

Chirurgiens, médecins, soldats, serru-riers, maréchaux.

---

2   Chaque ligne se rapporte aux désignations données à propos de Saturne et que nous avons jugé inutile de répéter.

Audacieux, séditieux, voleurs, tyrans. Tous les colériques.

Les grands exploits. Les métiers à fer. La chimie.

Chaud et sec au souverain degré.

Couleur. Couleur de feu.

Tempérament. La colère pure (B).

Signe. Le bélier.

Elément. Le feu.

LE SOLEIL OU APOLLON

Les amitiés et les inimitiés.

Doux, bienfaisant et fortuné.

Barons, princes, marquis, magistrats. Esprits nobles et relevés, ambitieux, l'or, la magnanimité, l'honneur, la splendeur.

Chaud et sec médiocrement.

Couleur. Dorée,

Tempérament. Bile jaune mêlée de sang. B. S.

Signe. Le lion.

Elément. Le feu mêlé d'air.

VÉNUS

La luxure ou la chasteté, le mariage ou le célibat.

Bienfaisante et la fortune mineure.

Chantres, joueurs d'instruments, poètes, sauteurs, femmes de joie, peintres, cuisiniers.

Hommes sanguins, l'amour, l'humanité, la musique, le luxe, la lascivité et les autres choses voluptueuses.

Constitution. Souverainement humide et moins chaude.

Couleurs. Bleue couleur citron, vert pâle.

Tempérament. Le sang pur. S. Le sang mêlé de flegmes. S. L. Le sang mêlé de pituites S. B.

Signes. La balance, le taureau, les poissons.

Elément. L'air, l'air mêlé d'eau.

MERCURE

Le jugement ou la stupidité. La facilité ou la difficulté de parler.

Indifférent. De soi, ni bon ni mauvais.

Mathématiciens, philosophes, écrivains, monnayeurs, imprimeurs, libraires, rhétoriciens, marchands, sculpteurs, voyages, inventions et nouveautés.

Froid et humide modérément.

Couleurs. Cendrée, couleur de fer.

Tempérament. Flegme mêlé de bile noire. L. B. Bile noire mêlée de colère. B. S.

Signes. Les gémeaux, la vierge.

Eléments. L'eau mêlée de terre. La terre mêlée de feu.

LA LUNE

Les pèlerinages et les voyages, tant par mer que par terre.

Quelque peu fortunée et favorable.

Chasseurs, pêcheurs, courriers, cochers, matelots (tous les gens de rivière et de marine), maladies et infirmités humides.

Froide et humide excessivement.

Couleur. Blanche.

Tempérament. Flegme pur. L.

Signe. Cancer.

Elément. L'eau.

INTERPRÉTATION DES SIGNES

Alors que l'ignorant qui a appris à connaître vaguement quelques signes, récite sa leçon sans intelligence, le véritable chiromancien doit découvrir par le raisonnement la signification d'un signe nouveau pour lui.

A cet effet il faut surtout apprendre à bien manier deux procédés indispensables.

1° La détermination exacte des signes.

2° L'interprétation des signes.

C'est surtout sur l'interprétation que nous devons insister pour faire de nos lecteurs de véritables artistes et non des perroquets. Cela leur permettra de découvrir par eux-mêmes une foule de données dont l'ensemble rend obscurs et incompréhensibles la plupart des traités classiques de Chiromancie.

L'interprétation comprend plusieurs temps que nous allons décomposer de notre mieux.

1° Établissement strictement exact des correspondances astrologiques.

2° Traduction des hiéroglyphes astrologiques en leur signification en langage vulgaire.

3° Synthèse de tous ces faits déterminés par cette traduction. Détermination des âges. Quelques exemples vont éclairer ces données.

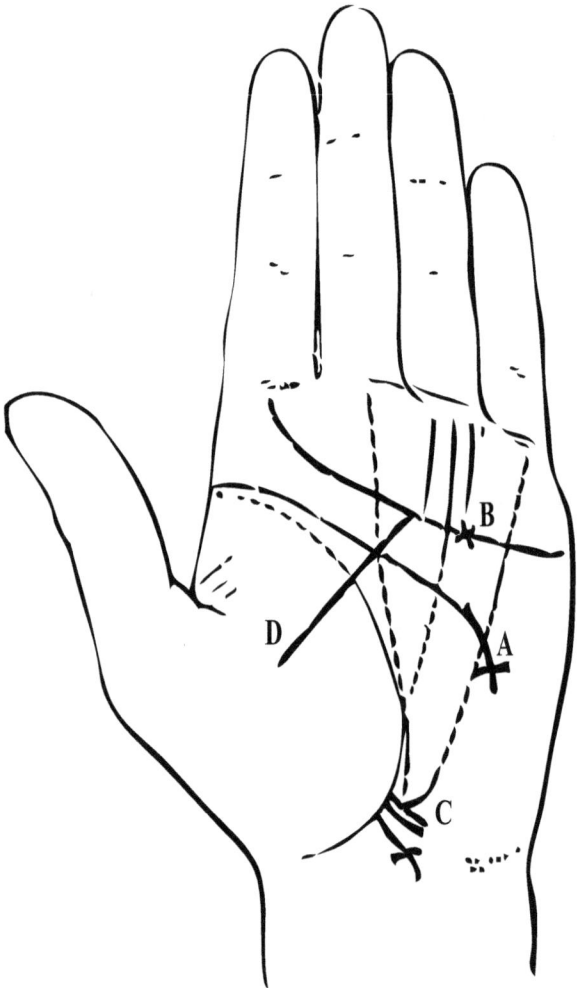

ÉTABLISSEMENT
DES CORRESPONDANCES
ASTROLOGIQUES

Soit la figure ci-jointe qui présente quatre signes A. B. C. D. que nous devons étudier soigneusement.

Commençons par les dénommer astrologiquement.

A. — Ligne de mars ou de tête s'incline vers la fin sur le mont de la Lune, et forme une croix.

B. — Une croix se trouve sur la ligne de cœur ou de Jupiter sous le mont d'Apollon, qui est rayé de trois petites lignes verticales.

C. — Trois lignes partent de la fin de la ligne de Vie (Vénusienne), la première de ces lignes vient joindre la mercurienne) la seconde se termine brusquement et la troisième se termine par une croix.

D. — Une ligne coupe la ligne de vie, rencontre la saturnienne et la ligne de tête à leur croisement et vient se fermer brusquement sur la ligne du cœur.

Voilà quatre exemples qui serviront de modèles pour tous les autres cas.

TRADUCTION DES HIÉROGLYPHES ASTROLOGIQUES EN SYMBOLES

A. — La ligne de tête s'incline vers le mont de la lune et forme une croix.

Ligne de tête. Ligne essentiellement masculine en tout ce qui se rapporte à l'esprit et au raisonnement.

Soit : *La raison.*

Mont de la lune. Imagination, rêve, mysticisme.

La croix. Près du mont de la lune indique le caractère religieux du mysticisme.

TRADUCTION DE CE SIGNE. La raison vous conduira à la foi et vous irez jusqu'à comprendre le mysticisme.

B. — *Croix au milieu d'une ligne.* Obstacles.

Ligne de cœur. Ligne essentiellement féminine. Le cœur, la passion.

Mont d'Apollon. L'art, la fortune ou la gloire.

TRADUCTION DE CE SIGNE. Un obstacle d'origine sentimentale qui influe sur l'art ou la carrière artistique.

C. — D'après Mme Marie Burlen (l'Arc en-ciel) ces lignes indiquent les enfants. Le premier sera commerçant ou médecin (ligne d'Hermès, Hermès ou Mercure. Commerce ou médecine). Le second mourra et le troisième se fera religieux (croix à la fin).

D. — *La ligne de vie coupée.* Modification profonde à l'existence.

Traversée de la plaine de mars et coupure de la ligne de tête. Importance de la volonté dans cette modification. Cette modification est *personnelle* et elle ne vient pas de l'extérieur.

Aboutissant à la ligne du cœur. Cette modification tendait à la fusion de la vie avec le cœur.

TRADUCTION. Coup de tête à cause d'une affaire de cœur.

SYNTHÈSE ET LOIS GÉNÉRALES
DÉTERMINATION DES AGES

Les lecteurs, familiers avec les enseignements des traités classiques de Chiromancie, s'arrêtent aux traductions que nous avons données ci-dessus.

Ces traductions ne sont pas complètes, car il y manque la précision de temps dans lequel sont arrivés ces divers événements et le moyen de savoir si ces événements appartiennent au passé ou à l'avenir.

Desbarolles, qui reste le maître incontesté de la Chiromancie moderne, donne bien des divisions de la ligne de vie ; mais il ne donne les divisions par âge d'aucune autre ligne. Nous croyons avoir été un des premiers, sinon le premier parmi les contemporains, à étudier la Saturnienne à ce point de vue et la pratique nous a permis d'affirmer la valeur de nos divisions. Par la ligne de tête et de cœur nous modifierons nos divisions en adoptant celles de May de Franconie jusqu'à vérification expérimentale.

C'est en s'appuyant sur ces données qu'on complètera les traductions que nous avons données.

A. — La modification ou trajet de ligne de tête se trouvant sous la perpendiculaire abaissée du milieu du mont d'Apollon, *l'événement indiqué arrivera à l'âge de 50 ans.*

B. — La croix se trouvant sur la ligne de cœur et sur le milieu du mont d'Apollon, l'événement indiqué arrivera à *l'âge de 25 ans.*

C. — Rien de spécial à ce point de vue pour les enfants.

D. — La Saturnienne étant coupée à sa rencontre avec la Martienne, l'événement indiqué doit arriver *l'âge de 20 ans.*

2° RAPPORTS ASTROLOGIQUES D'ASPECTS

Les praticiens qui voudront pousser encore plus loin la précision devront tenir compte de toutes les influences exercées immédiatement ou indirectement par les planètes avoisinant chaque signe.

COMMENT DÉTERMINER MÊME APPROXIMATIVEMENT LA DURÉE DE LA VIE

La plupart des auteurs s'en réfèrent à ce sujet, d'après la tradition, à la longueur de la ligne de Vénus où ligne de vie.

L'expérience que j'ai poursuivie personnellement pendant onze ans nous permet d'affirmer que ces indications sont *absolument fausses* et qu'il n'existe aucun rapport entre l'âge de la mort et la longueur de la ligne de vie. Cette ligne semble plutôt indiquer *l'âge du caractère* que la durée de l'existence. Ainsi un jeune homme de 20 ans, mort à 21 ans de phtisie, avait une ligne de vie entourant le mont de Vénus, ce qui indiquait 70 à 80 ans d'existence. Or ce jeune homme avait toujours été remarquable par sa précocité et le sérieux de son caractère. Il en est de même de toutes les observations qu'on voudra faire à ce sujet.

Pendant longtemps nos avons cru qu'il n'existait aucun signe chiromantique sur ce point et cependant certaines prédictions exactes de bohémiennes nous incitaient à ne pas abandonner nos recherches à ce sujet. Depuis quelques mois nous poursuivons une nouvelle voie que nous nous empressons de signaler aux chercheurs, afin de grouper sur cette question le plus d'expériences possibles.

La détermination de la durée de la vie ne peut être que le résultat d'une moyenne que nous conseillons d'établir de la façon suivante (Système de May perfectionné. Voy. p. 146) :

1° *Signe de tête*. Trois perpendiculaires abaissées successivement. Du milieu du doigt de Saturne, du milieu du doigt d'Apollon et du milieu du doigt de Mercure sur la ligne de tête donnent respectivement 25, 50 et 75 ans.

On commence donc par déterminer l'âge donné par la longueur de la ligne de tête.

Supposons que la ligne donne 70 ans.

2° *Signe du cœur*. Les mêmes perpendiculaires augmentées d'une autre partant du milieu de l'index (doigt de Jupiter) et laissant de coté celle du doigt de Mercure donnant respectivement 25, 60 et 75 ans. Supposons que cette ligne donne 6o ans dans la main prise comme exemple.

3° *Signe de Saturne*. La Saturnienne coupe la ligne de la tête à 20 ans, la ligne du cœur à 40 ans et la première phalange du doigt de Saturne à 75 ans.

Supposons que la Saturnienne indique 65 ans dans la main prise comme exemple.

4° *Etablissement de la moyenne*. On écrit les uns sous les autres les âges indiqués par les trois lignes c'est-à-dire :

$$\begin{array}{r} 70 \\ 60 \\ 65 \\ \hline 195 \end{array}$$

et on fait l'addition. On divise ensuite le résultat obtenu par trois (le nombre des lignes) et on obtient la moyenne de l'âge correspondant à la fin de la vie, soit dans l'exemple que nous avons choisi

$$\frac{185}{3} = 65 \text{ ans.}$$

Il va sans dire qu'on peut établir cette moyenne en faisant entrer en ligne de compte la ligne de vie et la ligne de Mercure si l'on croit avoir grâce à ces lignes de sincères indications. Les figures des p. 148-149-150, indiquent, la première, les âges indiqués par les longueurs des différentes lignes et la seconde les lignes d'un homme qui doit mourir vers 45 ans.

COMMENT IL FAUT LIRE DANS LA MAIN

1° Chirognomonie du poignet, de la paume (les monts), des doigts et des ongles, du pouce ; pour établir les impulsions passionnelles et le caractère.

2° Chiromancie du poignet pour poser les premières déductions sur la santé.

3° Chiromancie de la paume en reprenant les monts et en étudiant successivement.

A. Les rapports de la ligne de vie, de tête, de cœur et de la Saturnienne pour accentuer les détails concernant le caractère.

B. Etude détaillée de chaque ligne dans l'ordre suivant :

Ligne de vie.

Ligne de cœur et anneau de Vénus.

Ligne de tête.

Ligne d'Apollon, de Mercure et de la Lune (s'il y en a). Enfin terminer par la Saturnienne, qui indique l'âge des principaux événements.

C. Cela est indispensable déterminer la durée de la vie par la moyenne des lignes de cœur, de tête et de Saturne.

4° Chiromancie des doigts.

Reprendre l'étude des ongles, des phalanges et étudier les signes qui sont sur chaque phalange. Déterminer les événements prochains, d'après les marques des ongles.

CONCLUSION
DE LA CHIROMANCIE

Si la chirognomonie nous a fourni le moyen de préciser les caractères et les impulsions passionnelles, on voit combien la chiromancie est riche de détails concernant les événements et leur détermination. Il nous reste maintenant, pour terminer notre travail, à aborder la partie la plus abstraite de notre étude : la recherche des causes ou la chirosophie qui forme la section véritablement philosophique de cet art.

TROISIÈME PARTIE

LA CHIROSOPHIE
OU ÉTUDE DES CAUSES

TROISIÈME PARTIE

LA CHIROSOPHIE
OU ÉTUDE DES CAUSES

La chirosophie a pour objet l'étude des *principes* de l'art qui nous occupe. S'élevant au-dessus des faits et même des lois, la chirosophie s'efforce de déterminer la raison d'être des formes et des lignes analysées précédemment. C'est ainsi qu'elle permet de saisir les liens qui rattachent la chiromancie aux autres sciences de divination. Aucun auteur classique n'a jusqu'à présent consacré une étude spéciale à cette section, et cependant il faudrait un volume pour traiter complètement ce sujet. Mais comme cette étude se rattache surtout à la philosophie générale, nous ne ferons ici qu'un court résumé destiné à fixer les points principaux que d'autres que nous perfectionneront sûrement par la suite.

LA CHIROSOPHIE DES FORMES ET LE CORPS ASTRAL

La première question qu'il nous faut résoudre est celle de savoir quelle est la raison d'être des *formes* de l'être humain. Nous déterminerons ainsi la philosophie de la chirognomonie ou la chirosophie chirognomonique.

Les célèbres expériences du physiologiste Flourens ont prouvé que toutes les cellules qui constituent la partie matérielle de notre être (notre cadavre, pour l'appeler par son vrai nom) meurent et sont remplacées dans un temps qu'on peut évaluer à sept ans pour l'homme, os compris. Quand nous voyons une personne sept ans après notre première visite, *aucune des cellules matérielles qui existaient alors ne subsiste*, le corps physique s'est entièrement transformé et cependant il n'a pas perdu sa forme. Nous *reconnaissons* facilement les formes déjà vues il y a sept ans.

Cela nous indique que le corps physique est le produit de *quelque chose* qui fabrique ses éléments matériels et qui leur donne leur *forme*. Ce quelque chose agit en dehors de notre conscience et agit même encore quand nous dormons, puisque nos poumons marchent, notre estomac fonctionne et nos artères battent pendant le sommeil. Les physiologistes ont bien déterminé *comment* ce quelque chose agit ; ils nous diront que c'est grâce au nerf grand sympathique et à ses multiples ganglions que les artères battent, que les lymphatiques fonctionnent et que les échanges organiques, mise en place de nouvelles cellules et élimination des cellules usées, s'accomplissent. Mais ce nerf est comme le fil télégraphique, ses ganglions sont comme les appareils télégraphiques qui sont simplement des *outils* permettant au télégraphiste de manier l'électricité et au « quelque chose » dont nous avons parlé de manier la force nerveuse.

C'est en effet grâce aux ganglions du grand sympathique que ce « quelque chose » agit pour créer les formes de l'organisme et une expérience journalière va nous le montrer.

Si vous vous coupez légèrement le doigt, que se passera-t-il ? Le « quelque chose », que nous ne connaissons pas encore de nom, va réparer votre doigt sans que vous ayez à vous en occuper et cette réparation sera si parfaite que la plus fine des petites lignes de votre doigt sera refaite dans ses moindres détails (ce qui prouve en passant l'action des centres nerveux sur la formation des lignes). Voilà ce qui arrivera si la coupure est légère et n'a entamé que la peau et les muscles superficiels.

Mais si la coupure est profonde et si elle va jusqu'au périoste. Alors plus de réparation possible. Dans l'intégrité, il y aura *cicatrice*. Demandons nous pourquoi ?

Mais, nous dira le physiologiste, parce que vous avez touché au ganglion du grand sympathique (ou aux ganglions) accolé au périoste. C'est comme si nous avions détruit les appareils télégraphiques du bureau récepteur, la dépêche ne peut plus être transmise.

Ce « quelque chose » a beau vouloir refaire les tissus dans leur forme première, il n'a plus de centre de drainage indispensable et doit se contenter d'une réparation quelconque.

Tout cela nous montre que les formes de notre corps physique sont le résultat de l'action de « quelque chose » qu'il nous faut maintenant essayer de nommer.

Les physiologistes l'appellent la *Vie organique*. Mais ce nom convient bien plutôt à la force nerveuse qui parcourt les filets du grand sympathique, qu'au principe qui met cette force en mouvement. La Vie organique c'est l'électricité du télégraphe, ce n'est pas le télégraphiste. Cherchons un autre nom.

Les psychologues l'appelleront l'*inconscient* et ils seront déjà plus près de la vérité ; car ils indiqueront par ce nom l'indépendance de ce « quelque chose » vis-à-vis de notre conscience et ils différencieront par

là ce quelque chose de notre moi-cons-
cient, fait capital au point de vue philosophique. Mais le terme « *Inconscient* » ne
traduit pas cette propriété capitale, cette
action physiologique que nous venons
d'analyser.

D'après ce que nous avons dit le corps
physique n'est plus qu'une étoffe tendue
sur une autre chose qui lui donne sa forme.
Le corps physique c'est un gant inerte qui
emprunte sa forme à la main vivante qu'il
renferme. Nous pourrons donc déjà appeler ce quelque chose « *le corps formateur* »
et nous aurons ainsi un nom exprimant
clairement les fonctions de ce principe.
C'est maintenant qu'il nous faut revenir à
la « *tradition* ».

Les philosophes hermétiques, à qui
nous devons la création première, dès le
moyen-âge, de toutes ces sciences dont
nous sommes si fiers, tenaient leurs principes philosophiques des anciens sanctuaires égyptiens. Aussi se gardaient-ils
bien de séparer la métaphysique de la physique, et ils avaient même poussé un peu

loin l'amour de l'abstraction, puisqu'ils préféraient l'astrologie à l'astronomie, l'alchimie à la chimie, et la magie à la physique. — Aussi une réaction énorme se produisit-elle, et pendant deux siècles on ne cultiva que l'astronomie, la chimie et la physique, considérant la partie métaphysique de ces sciences, c'est-à-dire l'astrologie, l'alchimie et la magie comme de nuageuses absurdités. Cependant, de nos jours, certains chercheurs ont eu l'idée de revenir à l'étude de ces sciences occultes et une nouvelle réaction se manifeste, tendant à rendre justice à ces philosophes pour la plupart si méconnus. On étudie la conception qu'ils avaient de l'homme, et on découvre dans leurs ouvrages de longs chapitres consacrés à ce « *corps formateur* » dont nous avons parlé. — Mais au lieu de l'appeler corps formateur, ils le considèrent comme agissant dans l'homme comme les astres agissent (d'après l'astrologie) dans l'Univers et ils l'appellent « CORPS ASTRAL ».

Par respect pour la tradition, de même que nous avons conservé le nom de Chiromancie, nous conserverons le nom de *corps astral pour indiquer ce principe inconscient qui donne la forme à nos organes, qui rétablit autant que possible les formes détruites et qui préside à tous les échanges organiques qui entretiennent la vie dans l'organisme humain.*

Mais, pour constituer les formes, ce corps astral se sert-il, de types tous différents les uns des autres ou agit-il en partant d'une *forme générale* qu'il modifie, plus ou moins selon les circonstances ? D'après les enseignements de la tradition hermétique, confirmés par l'étude récente des répétitions homologiques[3], il faut répondre affirmativement à cette question : *oui*, toutes les formes de l'être humain sont de légères modifications d'un type général qu'on retrouve répété partout.

Et comme ce type général est immédiatement modifié par le caractère intime de l'Esprit de l'homme, de son principe

---

3   Voy. « l'Anatomie Philosophique et ses divisions », du Dr Gérard Encausse, I vol. in-8, Paris, Chamuel.

immortel, on voit comment l'indication de cette modification, *répétée dans tous les détails des formes organiques*, permettra de remonter de l'étude de ces formes, à l'origine de leur modification et de retrouver partout *le caractère* intime de l'être humain qui a partout imprimé sa « signature ». — De là les sciences de divination.

Si l'on étudie les modifications de type général produites dans la forme du crâne, on retrouvera le caractère modificateur grâce aux indications de la Phrénologie.

S'adresse-t-on aux modifications produites dans les formes du Visage ? C'est la Physiognomonie qui répondra.

Mais s'en tient-on aux modifications produites dans les membres ? dans les mains ? C'est la *Chirognomonie* qui nous renseignera.

De là, deux conditions importantes : d'abord la raison d'être des sciences de divination, ensuite le rapport étroit qui unit toutes ces sciences entre elles.

Ainsi le corps physique est fabriqué par le corps astral, et le corps astral peut être influencé médiatement par l'esprit, ce qui permet de déduire les impulsions que subit l'Esprit des formes données au corps physique par le corps astral ou les réactions que subit le corps astral de la part de l'Esprit des signes hiéroglyphiques et des lignes inscrites sur le front ou les mains. — Tels sont les fondements de la Chirosophie.

On voit l'importance que l'occultisme attache à ce « corps astral ». Il ne faut pas croire qu'il s'agit là seulement d'une hypothèse, et nous avons vu en ces dernières années un consciencieux savant arriver à la démonstration expérimentale de l'existence de ce corps astral. Les lecteurs, que cette question intéresse, pourront se reporter à l'ouvrage de M. le lieutenant-colonel de Rochas[4].

---

4 ALBERT DE ROCHAS. *L'Extériorisation de la Sensibilité*. I vol. in-8. CHAMUEL éditeur.

LA CHIROSOPHIE DES LIGNES
ET DES SIGNES

La main est le visage du corps astral.

POURQUOI Y A-T-IL DES LIGNES DANS LA MAIN

Les lignes se modifient-elles ?

Les données concernant cette question se rapportent aux enseignements les plus techniques de la Science occulte. Le lecteur peu familier avec ces enseignements ne doit donc pas s'effrayer de l'obscurité apparente des quelques lignes ci-dessous, écrites spécialement pour les étudiants déjà avancés.

L'homme est le microcosme résumé de l'Univers. L'homme doit donc refléter dans sa constitution les trois plans matériel, astral et divin qui constituent le Microcosme. C'est en effet ce qui se produit par la constitution de l'homme en trois centres matériel ou abdominal, vital ou thoracique, et psychique ou céphalique. Chacun de ces centres est, de plus, hiérarchisé lui-même en trois parties ainsi que l'a déterminé Malfalti de Montereggio dans sa *Mathèse*.

Chacun de ces centres correspond à r un des plans de l'univers : le centre abdominal correspond au plan matériel ; le centre thoracique au plan astral et le centre céphalique au plan divin. De plus le visage synthétise en lui les influences de trois plans. — Chacun des centres humains a une paire de membres chargée de manifester dans la nature l'influence de ce centre.

A l'abdomen sont attachés les membres abdominaux, à la poitrine les membres thoraciques, à la tête les membres céphaliques (maxillaire et larynx). C'est dans la forme et dans les manifestations extérieures de ces membres qu'on voit le caractère de chacun des centres de l'être humain.

Les impulsions instinctives seront donc révélées par l'étude de la marche, les impulsions vitales ou sentimentales, par l'étude des gestes et les impulsions psychiques, par l'étude du Verbe. — Le regard synthétisera toutes les impulsions. Voilà la clef de toutes les sciences de divination.

Or la Chiromancie qui nous intéresse ici s'occupe de la main, c'est-à-dire de l'organe d'expression correspondant au centre vital de l'homme, domaine du nerf grand sympathique, et au monde astral dans l'Univers, domaine des forces formatrices. LA MAIN EST DONC LE VISAGE DE LA VIE ORGANIQUE, comme la figure est le visage de la vie consciente. Aussi, toutes les *impulsions* astrales, que la vie organique est chargée d'exécuter en nous au moyen du nerf grand sympathique, sont-elles marquées dans la main. Voilà pourquoi il y a des lignes danse la main. Voilà pourquoi aussi l'expérience montre *qu'à mesure que la volonté agit davantage sur les impulsions inconscientes les lignes se modifient*, ce qui prouve encore l'intégrité absolue de la liberté humaine. Voile pourquoi aussi les affections qui modifient profondément la vie organique et le nerf grand sympathique agissent aussi sur les lignes de la main qui peuvent disparaître plus ou moins complètement sous une telle influence. Voilà pourquoi aussi l'expérience nous a montre que 24 heures après la mort les lignes de la main s'effacent en commençant par les petites lignes.

Telle est la solution de quelques questions importantes que nos études personnelles, depuis bientôt dix ans, nous ont permis de résoudre de notre mieux.

Pourquoi on se trompe quelquefois
Importance de la Volonté

Les signes chiromantiques indiquent les impulsions auxquelles est soumise la personne dont on examine la main ; mais ces signes ne peuvent préciser les changements qui seront apportés par la Volonté dans ces impulsions. C'est une justification du vieil adage hermétique : *Astra inclinant, non necessitant.* — Lorsque vous aurez affaire à une nature extrêmement volontaire, il pourra donc arriver que toutes ces déductions tombent à faux, puisque vous racontez les *impulsions* que la Volonté de l'individu se plaît à briser à mesure de leur éclosion.

Ayez donc toujours présente à l'esprit l'histoire de Socrate qui, accusé par un physiognomoniste d'avoir tous les vices, répondit à ses disciples qui protestaient : « Cet homme a raison ; j'avais une *inclinaison passionnelle* vers tous les vices, ce que voit sur mes traits le devin ; mais ma volonté a brisé ces impulsions, ce que le devin ne peut pas voir. » La puissance de la Volonté est telle qu'elle peut modifier les signes, qui deviennent alors ce qu'ils sont réellement : *des avertissements.*

LA PROVIDENCE NOUS AVERTIT
PAR LES SIGNES

La liberté humaine est si entière qu'aucune puissance ne peut y porter atteinte.

La Providence, à laquelle doit s'allier tout homme qui aspire à la régénération, ne peut que nous avertir des dangers qui nous menacent, sans avoir la faculté de contraindre note Volonté à éviter ces dangers.

Nous sommes semblables, dans la vie, à des hommes marchant la nuit sur une route pleine de fossés et de précipices. La Providence ne peut   pas, si nous l'appelons à notre aide, combler ces fossés creusés par nos fautes antérieures, ou nous enlever de terre pour les traverser. Son pouvoir se borne à éclairer notre route, laissant ainsi toute liberté à notre Volonté, car si nous fermons les yeux, ou si nous nous mettons un bandeau, nous tombons dans les précipices que sa lumière nous eût permis d'éviter.

Ainsi les *signes* de l'action providentielle éclatent nombreux et variés autour de nous, ils sont écrits en lettres de feu dans l'air, puis sur tous les êtres de la nature, et inscrits en caractères universels dans nos traits et dans nos mains. Mais la sotte vanité nous met un bandeau sur les yeux et nous disons « Il n'y a pas de Providence » alors qu'il suffirait d'ouvrir les yeux pour voir et bénir ses efforts incessants en notre faveur.

CHIROSOPHIE DE LA MAIN EN GÉNÉRAL

Le type général que reproduit le corps astral dans les détails de l'organisme est manifesté par la triple division de l'être humain en abdomen, poitrine et tête avec les membres attachés à chacune de ces sections. Chacun des membres reproduit dans sa triple division : cuisse, jambe, pied, bras, avant-bras, main, le type général qui se retrouve encore dans les sous-divisions : cheville, pied, orteils, et poignet, paume, doigts. Chaque doigt reproduit encore la loi par sa triple constitution en phalange, phalangine et phalangette.

Si donc nous nous rappelons que tous les segments identiques se correspondent, nous dirons :

Abdomen, cuisse, bras, poignet, phalange.

Poitrine, jambe, avant-bras, main, phalangine.

Tête, pied, main, doigts, phalangette.

C'est-à-dire que toutes les formes des
organes de la première ligne permettront
de déterminer les *instincts* correspondant
au monde matériel.

Toutes les formes des organes de la seconde ligne permettront de déterminer les
sentiments correspondant au monde astral.

Et toutes les formes des organes de la
troisième ligne permettront de déterminer
les *idées* correspondant au monde divin.

Tout dépendra donc du POINT DE VUE
auquel on se placera puisque la *phalangette* suffirait à la rigueur pour indiquer les
enseignements inscrits dans la main tout
entière. Mais laissant pour l'instant ces
correspondances, nous devons nous en
tenir à l'étude de la main considérée dans
sa triple constitution en poignet, paume et
main. Voyons donc ce qu'est cette main?

Considérée philosophiquement, la main est l'organe du geste. Mais il y a deux organes du geste, un droit et un gauche, servant à chacune des deux moitiés de l'être humain ; la moitié droite et la moitié[5] gauche ou pour mieux dire, chaque main est la moitié de l'organe du geste dont on n'obtient la figure complète qu'en réunissant les deux mains comme le montre la figure ci-jointe. C'est de là que nous allons pouvoir tirer nos déductions.

---

5   L'hémiplégie qui paralyse l'homme droit ou l'homme gauche en laissant l'un des deux intact prouve cette division, Chaque main correspond au cerveau inverse, la main droite à l'hémisphère gauche et réciproquement.

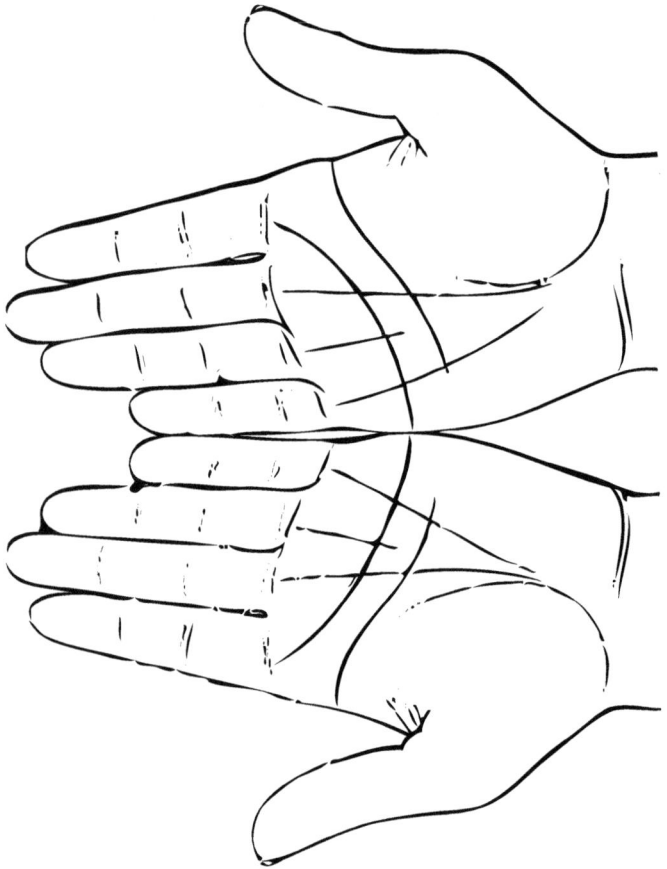

Les organes simples, c'est-à-dire manifestés à un seul exemplaire, comme le nez, la bouche, etc., sont formés par la réunion de deux moitiés symétriques et les organes doubles comme les yeux, les oreilles, les bras ou les mains, sont formés par l'existence individuelle de chacune des moitiés symétriques. L'hémiplégie prouve cela en paralysant une paupière, _un_ bras, *une* main et la *moitié* de la bouche ou *la moitié* du nez (quant à ses plis).

Une main correspond donc à *une moitié* du corps : le poignet correspond à une moitié de l'abdomen, la paume à une moitié de la poitrine et les doigts à une moitié de la tête. Le pouce correspond à un bras et le mont de Vénus à l'épaule.

Voilà ce que nous montre bien la figure suivante.

Si l'on se place au point de vue de la comparaison analogue de la main tout entière avec la moitié du corps, on voit comment les enseignements de la tradition trouvent justifiés.

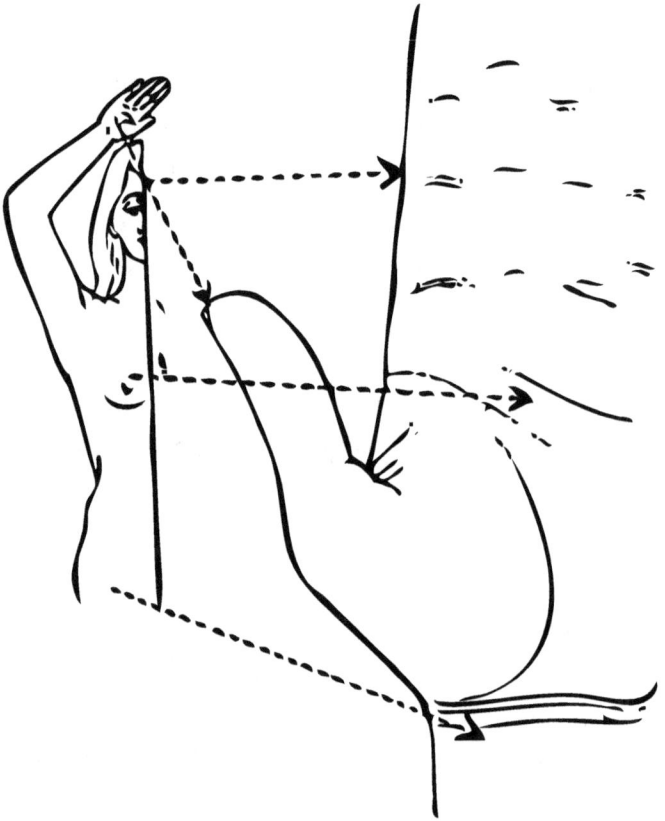

La Main et le Corps.

—

Correspondances.

La paume de la main peut être considérée comme une demi-poitrine dominant
l'abdomen poignet sur laquelle viennent
se grouper en haut la tête, doigts et sur
le côté le bras, pouce. Des considérations
anatomiques qui seraient déplacées ici
prouveraient encore cela. Nous pouvons
donc considérer cette figure comme suffi-
samment claire pour nous éviter de développer ce qui a rapport au poignet et à la
paume et nous allons nous arrêter un peu
sur les doigts.

LES DOIGTS

Les doigts demandent une étude spéciale parce que à eux seuls ils constituent
un organe analogique complet avec ses
trois divisions : phalange, phalangine, phalangette.

Si l'on se rapporte à la figure formée
par les deux mains réunies en une on voit
que les deux petits doigts juxtaposés peuvent être considérés comme un seul or-

gane et qu'alors l'organe complet du geste est formé de *sept doigts* et de deux pouces.

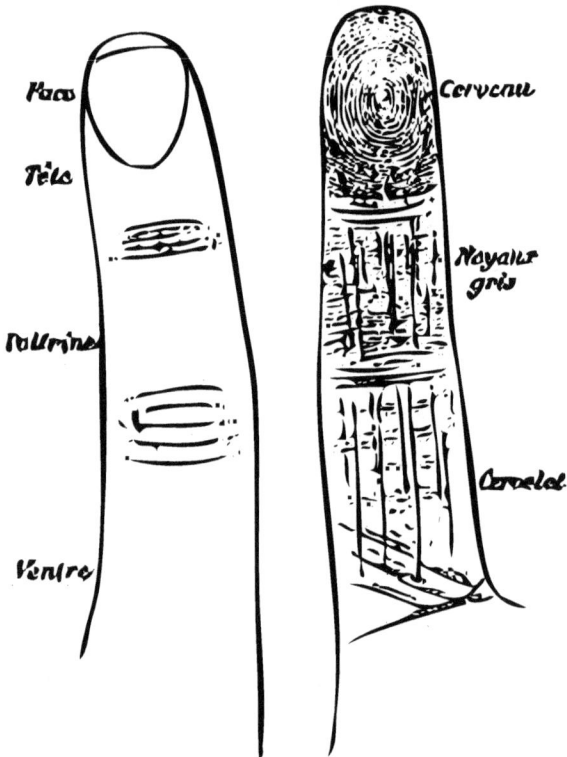

Chaque doigt doit être considéré sous ses deux faces, la face onglée et la face palmaire. La face onglée correspond à la partie visible, extérieure de l'individu, au corps physique et à ses formes (c'est la seule utile en chirognomonie) et la face palmaire à la partie invisible, intérieure de l'individu, aux centres nerveux et au corps astral.

Aussi à l'ongle qui est en quelque sorte le visage du doigt s'oppose la portion palmaire de la phalangette parcourue par des raies ellipsoïdales, images des circonvolutions cérébrales[6].

Dans ce cas la phalangine correspondrait aux noyaux gris et la phalange ou cervelet, ce qui se rapporterait aux trois correspondances des phalanges : l'idée, l'action et l'instinct.

Il est en effet curieux de remarquer que la substance cérébrale est située dans le crâné sur trois étages, L'étage supérieur en avant contient les circonvolutions qui président surtout à l'idéation. L'étage moyen renferme les autres circonvolutions ainsi que les noyaux gris principaux et l'étage

---

6   D'un travail publié dans la *Revue Scientifique* il ressort que les raies du pouce permettent d'établir un signe de reconnaissance de chaque individu et forment, des groupements qu'on peut classer.

inférieur est réservé presque exclusivement au cervelet. On peut comprendre ainsi les correspondances ou la division des doigts.

Chacun des doigts indique donc une impulsion cérébrale particulière répondant à une seule localisation et cette indication est réalisée sous deux aspects activement (prédominance de l'action) dans la main droite ; passivement (prédominance de l'idée) dans la main gauche. Jusqu'à plus ample informé les correspondances astrologiques peuvent suffire à caractériser ces impulsions.

LA CHIROMANCIE COMPARÉE

C'est à cette section que se rattache la Chiromancie comparée.

La Chiromancie comparée a pour but étant donnée une ligne ou une forme de la main d'en déduire la forme de l'écriture ou les formes du visage du consultant et

de déterminer l'écriture et la physiognomonie de son complémentaire.

Ce travail demande à lui seul de longs
développements que nous donnerons
dans notre *Traité de divination déductive* actuellement en préparation.

Nos lecteurs, que ces études intéres-
seraient, pourront en attendant, consulter le petit ouvrage de Chiromancie et
de Graphologie comparées de Me Louis
Mond, qui a eu l'intuition de cette partie
de le la Chiromancie.

Nous avons également donné les éléments de cette étude dans notre *Traité
élémentaire de Magie pratique*, p. 332 et suiv.,
ainsi que dans *les Arts divinatoires*, petite
brochure formée de nos études publiées
dans le journal *le Figaro*.

PETIT DICTIONNAIRE
DE CHIROMANCIE

Nous avons pensé utile de placer à la fin de notre travail un petit dictionnaire donnant les principales indications chiromantiques concernant la vie courante. C'est là un simple essai que nous développerons par la suite. Les abréviations indiquent :

Bur.	*Marie Burlen.*	*L'arc en Ciel.*
Deb.	*Desbarolles.*	*Mystères de la Main.*
Trad.	*La Tradition.*	*Révélations complètes.*

Adultère. — Ile sur le mont de Vénus émettant une ligne qui coupe la ligne de vie. — (Deb.)

Les îles sur la ligne du cœur indiqueraient aussi ce fait ; mais l'expérience prouve la fausseté de cette tradition.

L'île sur la Saturnienne peut n'indiquer que l'Adultère en pensée. (Deb.)

Amant (Abandon d'). — Etoile sur la ligne d'Apollon. Cette étoile est liée à la ligne qui indique l'âge de l'événement. (Deb.)

AMOUR FATAL. Une ligne part du Mont de Vénus, coupe la ligne de vie et toutes les lignes pour venir aboutir au mont qui domine la personne qu'on a aimée. (Deb.)

AVARICE. — Ligne de tête longue et droite. (Deb.)

CONDAMNATION A MORT OU AUX TRAVAUX FORCÉS. — Les lignes de vie, de tête et de cœur se réunissent sous Saturne. (Trad.)

CRIME. — Des points noirs et profonds :

1° Sur la ligne de vie.

2° Sur les lignes se rapportant au genre de crime. (Trad.)

Lignes coupées et déformées à la rascette.

DÉVOTION. — Petites croix en haut de la phalange non onglée du pouce. (Bur.)

ENFANTS. — Lignes verticales placées à la fin de la ligne de vie et se dirigeant vers la rascette. (Bur.)

FAMILLE. — Les lignes qui partent du Mont de Vénus en coupant la ligne de vie, avant l'âge de l'amour indiquent la famille et ses influences. (Deb.)

FORTUNE. — Très grande ligne d'Apollon. (Deb.)

HÉRITAGE. — Croix au milieu de la rascette. Autant de croix, autant d'héritages. (Trad.)

HÉRITAGE. — Petite ligne parallèle à la ligne de vie, partant du pli de flexion du pouce. (Bur.)

JEU, JOUEURS. — Doigt de soleil aussi long que le doigt de Saturne. (Deb.)

LEGS. — Un carré à la partie supérieure du Mont de Vénus sous Jupiter. (Bur.)

MALADIE. — Réunion de la ligne du

cœur et de la ligne de vie avec petite ligne de tête. La signature planétaire du consultant indique le genre de maladie. (Deb.)

MARIAGE.—Grande ligne horizontale entre la racine du petit doigt et la ligne du cœur, à la percussion. (Trad.)

MARIAGE RICHE MALGRÉ PAUVRETÉ. — Un long triangle sur les rascettes, (Dur.)

MÉDIUMNITÉ. — Une ligne de la Lune : à Mercure. La ligne de tête descend vers la Lune. Mont de la Lune rayé. (Deb.)

POLITIQUE (G succès). — Grille sur le mont de Jupiter. (Bur.)

PRÉSERVATION. — Un carré estimant un signe funeste préserve toujours de l'influence de ce signe. (Trad.)

PROCÈS. — Ligne transversale partant du mont de Vénus, cou-

pant la ligne de vie pour venir aboutir sur la Saturnienne où elle se termine en étoile. La ligne de vie indique l'âge du procès. (Deb)

SECTAIRE. — Persécution religieuse. Des facultés greffées sur une ligne oblique qui coupe en deux la première phalange du pouce. (Bur.)

UNION PASSAGÈRE. — Petits signes placés à la percussion horizontale après le mont de Mercure.

UNION (Ligne d'). — A la percussion entre la ligne du cœur et la racine de Mercure, horizontale.

VOYAGE SUR MER. — Ligne horizontale ou le mont de la Lune. (Trad.)

BIBLIOGRAPHIE

Pour mettre les lecteurs studieux à même de poursuivre à leur gré l'étude de la Chiromancie, nous ferons suivre notre traité d'une bibliographie aussi complète que possible.

ARISTOTE. — *Cyromancia Aristotelis cum figuris.* 1490. 1721 ter. BELOT. — Les œuvres de M. Jean Belot, curé de Mil-Monti, professeur aux sciences divines et célestes, contenant la *Chiromancie, Physionomie, l'Art de mémoire* de Raymond Lulle ; *Traité des Divinations, Augures et Songes ; les Sciences sténographiques,* Paulines, Armadelles et Lullistes ; l'*Art de doctement prêcher et haranguer,* etc. — Dernière édition, revue, corrigée et augmentée de divers traités. — A Lyon, chez Jean-Baptiste de Ville, rue Mercière, A LA SCIENCE ; M.D.C.LXXII. — (Bibliogr. E. Bosc).

La Chiromancie Médicinale, suivie d'un traité sur la physionomie et d'un autre sur les marques des ongles, par Philippe MAY DE FRANCONIE, traduit de l'allemand par P. H. TREUSCHES, de Wezhauzen, avec un avant-propos et une Chiromancie syn-

thétique par Ernest Bosc. Paris, Chamuel, éditeur, 79, Faubourg Poissonnière. I vol. in-8 avec
fig. Prix. . . . . 3 fr. 50

Ernest Bosc. (Voy. MAY Philippe). — M. Bosc
a publié dans le journal *le Voile d'Isis*, une
« Bibliographie générale des Sciences occultes », à laquelle nous avons emprunté quelques
numéros relatifs à la Chiromancie. Tous nos
emprunts sont suivis du renvoi bibliographique et précédés du n° de classement.

Marie BURLEN. — *L'Arc en Ciel.* I beau vol. in-18
orné de figures. Paris, 1894. . . . . . .7 fr.
Très bon traité, très personnel et contenant
d'excellentes choses.

CATAN. — Chiromancie.

CHEIRO'S. — *Language of the hand.* New-York, chez
l'auteur, 432, Fifth Avenue, 1894.

La Chirognomonie ou l'art de connaître les tendances
de l'Intillymée, d'après les formes de la main,
par le Capitaine S. D'ARPENTIGNY. — Paris,
I vol. in-8, Ch. Le Clère, éditeur, I, rue des
Grands-Augustins, 1863.

1729. *La Clef d'Or* ou l'art de gagner à la loterie,
suivi d'un traité de physionomie et de chiromancie par un Cabaliste moderne, in-18, 34
grav. Lille, s. d.

1730. COCLÈS (B). — *Le Compendium de physiognomonie et chiromancie.* I vol. in-8°. Paris, 1546.

1731. COLOMBIÈRE (de la). — *Traité de la
Physiognomonie.* vol. in-8. Paris, 1660.

1732. CORUM (Adrien). — *L'Art de la Chiromancie.*
In-8°, s. l. s. d. (vers 1530 ?)

1733. Du même. — *Les Indiscrétions de la main*, texte
original translaté du latin en français par Jean
de Verdelay, pet. in-8° avec figures. Paris, 1878.
— Réimpression du traité de Chiromancie du
XVIe siècle. (Bibliogr. de E. Bosc).

1718. André CORVE, Mantouan. — Excellente
chiromancie montrant par les lignes de la main
les mœurs et complexion des gens. I vol. in-12.
Lyon, Rigaud, 1611.

Marius DECRESPE. — *La Main et ses mystères.* 2 vol.
in-18 de la collection Guyot à 0 fr, 20 c. le
vol, avec fig. 1895. Ouvrage bien fait et utile
à consulter. Ne pas tenir compte des quelques
erreurs de détail.

DESDAROLLES. — *Les Mystères de la Main révélés et
expliqués.* 6e édition. I gros vol. In-18, 1859.
Très bon ouvrage devenu introuvable et rem-
placé avantageusement par le suivant.

Mystères de la Main, révélations complètes, avec 300 grav.
explicatives, 3e édition. I vol. in-4°. Paris, Vigot,
éditeur, 10, rue Monsieur-le-Prince. Prix. . . 15 fr.
Le traité classique de la Chiromancie, recom-
mandé à nos lecteurs pour les détails.

1739. DESBAROLLES. — *Almanach de la Main,* Années
1867, 1868, 1869, in-18. Paris.

Petits Mystères de la Destinée par Joseph BALSAMO. — I
vol. in-18. Garnier frères, éditeurs, (Vers 1860.)

Un des rares traités où l'on trouve quelque chose sur la chiromancie des doigts.

Die Kunst Ciromantia, 1475.

(Se trouve au Britisch Museum).

DRYANDRUS. — *De Chiromantia*, lib. III. Malpurgie, 1538. Le plus ancien traité connu sur la Chiromancie après le précédent.

GEBER (Jehan). — Très brief traité de la *Chiromantique physionomie*. In-8°, Paris, Guillaume Noir, 1557. (Bibliogr. de E. Bosc).

GRANDPRÉ (J. de). — *L'Art de prédire l'avenir*, Divination par les astres, la main, l'écriture, la physionomie, la forme du crâne, les cartes, les nombres, les songes, apparitions, magnétisme, somnambulisme, spiritisme, sorcellerie, cristographie (pour cristallographie), etc. Gr. in-8°. Paris, s.d. — L'auteur a voulu faire une synthèse des sciences occultes, mais il n'est parvenu qu'à composer une sorte de salade japonaise de compilations aussi peu intéressante qu'indigeste. (E. Bosc.)

Halbert (d'Angers). — *La Cartomancie* augmentée d'un cours de Chiromancie. Paris, in-12, s. d. Bon résumé à l'usage des campagnes.

1753. INDAGINE. — *Chiromantia, Physiognomia, Astrologia naturalis*, I vol. p. in-8° avec fig. sur bois. Parisiis, P. Drouart. S. D. (Bibliogr. de M. E. Bosc.).

Le Livre magique. Histoire des événements et des personnages surnaturels contenant des détails sur la Démonologie, d'Astrologie et la Chiromancie, etc. Paris, in-18, Corbet aîné, quai des Grands-Augustins, 1835.

LECLERCQ. — *La Chiromancie et ce qu'il faut en croire.* Revue Encyclopédique du 15 mars 1895. — Prétentieux article d'un débutant qui n'offre quelque valeur que par des reproductions de mains et les jugements de madame de Thèbes.

1759. May (Philippe) de Franconie. — *La Chiromancie médicinale*, accompagnée d'un traité de la physionomie et d'un autre des marques qui paraissent sur les ongles des doigts, le tout composé en allemand et traduit en français par Philippe-Henry TREUSCHES de Wezhauzen. I vol. petit in-12 de 12 ff. et de 136 pages, ouvrage très rare, à la Haye, chez Leviju van Dyck, 1665; tous les exemplaires sont signés de l'auteur. Cet ouvragea été republié et augmenté tout récemment, 1894, par M. Ernest Bosc.

MOND (Louis Mᵉ). — *Le Chiromancie et la Graphologie comparées.* Petite brochure in-18, vers 1887. Premier ouvrage où est abordée l'étude de la Chiromancie comparée.

PAPUS. — *Traité synthétique de Chiromancie.* Broch. gr. in-8° de 32 p., 1892. Carré, éditeur.

PERUCIO (1633). — *Chiromance.* Bon ouvrage, les détails sont bien traités.

PLYTOFF. — *La Magie*, I vol. in-18, chez Bailière (1893).

Mystères des Sciences Occultes, par UN INITIÉ (1893).

Ces deux ouvrages de M. Plytoff contiennent quelques données de chiromancie. Ainsi que *l'Almanach Hachette* (1894), art. Chiromancie du même auteur.

RONPHYLE. — *La Chiromancie naturelle*. Paris (Baptiste Loyson, 1665), In-8°. Excellent traité à tous les points de vue.

1768. RAMPALLE. — *La Chiromancie naturelle*, de Romphyle. In-12. Paris, Loyson, 1665, aut. Éd. Paris, Ribou, 1655.

RONFPHYLE (v. ci-dessus Rampalle).

1769. *La Science curieuse ou Traité de la Chiromancie*, recueilli des plus graves auteurs qui ont traité de cette matière... enrichi d'un grand nombre de figures pour la facilité du lecteur. Ensemble la méthode de s'en pouvoir servir. In-4°, nomb. pl. sur cuivre donnant 1100 fig. de mains. Paris, F. Clousier, 1667. Cet ouvrage a eu plusieurs éditions.

1771. TABULÆ. — *Chiromanticæ*, lineis montibus et tuberculis manus constitutionem hominum et fortunæ vires ostendentes. In-fol. Francfort, 1613.

1772. TRICASSE. — *La Chiromancie* de Patrice Tricasse des Ceresars, Mantouan, in-8°, figures des signes de la main. Paris, Claude Frémy, 1561. (Bibliogr. de E. Bosc).

1717. Adrian SICLAIR, médecin spagyrique né au Puy-en-Velay. — *Chiromance royale* et nouvelle enrichie de figures de moralitez et des observations de la Cabale, avec les prognostics. Ouvrage très utile en particulier pour les femmes. Pet. In-12. Lyon, chez Daniel Gay et se vend chez l'auteur au Puits-de-Sel; 1667. (Bibliogr. de M. E. Bocs).

TAISNIERI. — *Opus chiromantiæ absolutissimæ* theoriam et cutem continens. Cologne, 1562. Renferme 1190 figures de mains.

TRICASSE DE CERESARS, 1583. — *Chiromance*. Ouvrage célèbre par la large part faite aux renseignements de la tradition.

LES
INDISCRETIONS DE L'ÉCRITURE

Ceci n'est pas un traité ni même un essai de graphologie, c'est un procédé aussi indiscret que rapide de juger les impulsions de la main d'après les formes donnée aux principales lettres. C'est la terminaison logique de toute étude de chiromancie et la préface de tout traité vraiment synthétique de graphomancie. Voyons donc comment la main d'un ambitieux va signer son caractère hautain, comment celle d'un modeste ou d'un violent vont se révéler à l'œil de nos lecteurs et surtout de nos lectrices par un procédé simple et presque instantané.

CONDUITE SOCIALE OU LA LETTRE **M.**

L'M majuscule se compose généralement de trois jambages, dans l'écriture courante. La main de l'orgueilleux va se caractériser par la prédominance du premier jambage (la personne qui écrit) sur la deuxième (la personne à qui l'on écrit) et sur la troi-sième (la personne dont on parle.)

En effet, le premier jambage représente le Moi, le second les amis intimes et le troisième les indifférents et la foule.

Aussi les modestes (comme ils sont rares!) font des M où le premier jambage qui les représente est *plus petit* que les deux autres, tandis que les hommes habitués à la lutte écrasent leurs amis (la seconde partie de l'M) entre leur ambition et les indifférents.

LA LUTTE CONTRE LA FATALITÉ OU LA LETTRE T.

La lettre *t* se compose d'une barre verticale qui représente la fatalité et les conditions extérieures de la vie et d'une barre horizontale qui indique l'action de la volonté de la personne qui écrit sur cette fatalité. De cette règle on déduira facilement les conséquences.

Ainsi les optimistes, barreront leurs *t* en allant de la terre au ciel. Les pessimistes, au contraire barreront du ciel à la terre. Autant la barre des premiers dit: haut les cœurs, autant celle des seconds, dit: chagrin et désespoir venus du faux usage de la volonté.

Les hommes pratiques vont barrer leurs *t* en rasant la terre: c'est-à-dire à la partie inférieure de la lettre, celle qui touche la ligne. Au contraire les idéalistes purs et les mystiques barrent leurs *t* tout en haut de la lettre en plein ciel. Leur volonté se dissémine en effet en projets et en théories au lieu de ramper vers les réalités terrestres comme chez les paysans et les économes de la première catégorie.

Les êtres faibles et les économes de la première catégorie.

Les êtres faibles et plus nerveux que dominateur, oublient qu'ils ont une volonté et on ne trouve chez eux aucune barre des *t* ou seulement quelques-unes de loin en loin.

Cette lettre permet aussi de voir à quel moment la volonté est plus énergique. Ceux dont les barres commencent grosses pour se terminer par une finesse progressive n'ont de la volonté qu'au début de leurs entreprises et ils se fatiguent vite. Par contre, ceux dont les barres commencent fines pour se terminer en massue, c'est-à-dire en grossissant progressivement, sont d'autant plus opiniâtres que les obstacles se multiplient.

Les colériques et les entêtés enveloppent la fatalité d'une boucle et l'emportent à la remorque de leur vie aventureuse. Ce sont les audacieux et les oseurs que la chance favorise souvent et qui constituent certaines personnalités de la classe aujourd'hui si répandue des « Arrivistes ».

LA DISCRÉTION OU LA LETTRE O OU A.

La lettre *o* est la représentation symbolique de la bouche, aussi prenez bien garde à ses révélations. Si cette lettre est complètement fermée alors vous fermez la bouche, même devant vos plus intimes, vous êtes un véritable discret. Par contre, si le haut de vos o et de vos a minuscules est ouvert, vous avez une fâcheuse tendance à confier sous le sceau du secret bien sûr vos affaires intimes aux uns et aux autres, surtout quand vous êtes amorcé pas les confidences des partenaires. Quand l'expérience ou la diplomatie vous auront rendu discret, alors votre bouche reflétera son ditisme dans la fermeture des *o* et des *a*.

L'ORDRE DANS LA CHAMBRE OU LA LETTRE I (i).

La lettre *i*, se compose d'un point surmontant une barre verticale. Ce point est la représentation des objets et la barre la représentation des meubles sur lesquels doivent être rangés les objets.

Mettez vous vos points exactement sur la lettre *i*? Alors tous vos papiers sont soigneusement rangés sur votre bureau et tout est à sa place dans votre chambre.

Par contre, le point précède-t-il ou suit-il la lettre sans arriver à se placer directement au-dessus, alors votre bureau est encombré de papiers entre lesquels vous êtes seul capable de vous reconnaître et vous ne mettez de l'ordre dans vos affaires que par accès et par périodes.

Vous avez de l'ordre par accès.

Mais si l'on cherche vainement le malheureux point qui doit couronner votre lettre *i*, alors vous serez le possesseur d'une chambre au désordre indescriptible où les papiers précieux seront sur la table à toilette pendant que les peignes se promèneront sur le bureau!

DES HABITS OU DE LA LETTRE D.

La main formera les d minuscules comme elle nouera la belle cravate ou comme elle boutonnera la jaquette.

Les hommes graves à redingotes toujours boutonnées, aux serviettes sévèrement placées sous le bras, feront leurs *d* à barres verticales droites. C'est comme dans l'ancien temps.

COMMENT ON S'HABILLE OU LA LETTRE D.

La lettre *d* se compose de deux parties principales: la base et la barre verticale. La base ronde ou elliptique, ouverte ou fermée, a les mêmes significations que l'o ou l'a (discrétion ou indiscrétion) et représente l'individu lui-même. La base verticale représente au contraire le port extérieur, la tenue mondaine et, par suite, l'habillement.

Voici la série générale indiquée par les différentes formes de la boucle du *d*.

L'homme officiel, toujours correctement re-
dingote, se manifeste par une barre entièrement
verticale et sans boucle ; c'est le d classique.

L'employé de commerce, orné d'une cravate
supposée irrésistible, contourne sa boucle en coli-
maçon ; cela est d'aussi mauvais goût que sa tenue.

L'artiste qui ne s'inquiète nullement de sa tenue fait un paraphe très simple, sans aucune pré-
tention.

Enfin, l'homme aux costumes excentriques,
aux étoffes voyantes et aux vestons de coupe bi-
zarre, renverse simplement sa barre du d. Il le trace
comme il s'habille: caricaturalement.

DERNIÈRES CONSIDÉRATIONS SUR LA GRAPHOLOGIE.

Le système de graphologie que nous avons pré-
senté est très général et, par suite, ne donne aucun
des nombreux détails qu'on trouve dans les ouvrages spéciaux. Ajoutons cependant quelques considérations à cet égard.

La franchise se voit aux mots grossissant et le
mensonge aux mots diminuant et s'aminoissant du
commencement à la fin.

Les égoïstes font des paraphes à concavité inférieure, ramenant ainsi vers le commencement du
mot le trait qu'ils tracent à la fin.

Les Avares économisent le papier autant que
leurs sous. Une lettre d'avare se reconnaîtra au

premier coup d'oeil. Il n'y a pas de marge, la lettre commence tout en haut de la page pour finir tout en bas et l'écriture est aussi rapetissée que possible. Au contraire, les prodigues gâchent leur papier et arrivent à ne mettre que quatre ou six lignes par page, avec des blancs et des marges énormes.

Les gens méticuleux et aimant la clarté terminent toutes les phrases par un petit trait et font beaucoup de paragraphes.

Les poètes séparent toutes leurs lettres où, au moins, toutes leurs syllabes, les savants et les raisonneurs réunissent en un tout non seulement leurs syllabes, mais encore leurs mots. Cette division de la graphologie en intuitifs et déductifs est le fondement même de la méthode et rappelle exactement la division des doigts en lisses et noueux, donnée par le capitaine d'Arpentigny dans le même sens.

TABLE DES MATIÈRES

Ire PARTIE. — Chiromancie synthétique 5

    Première leçon. 13

    Deuxième leçon 35

IIe PARTIE. — Chiromancie analytique 61

    Quelques mots sur l'histoire. 63

    Divisions à établir dans l'étude de la Main . 67

CHAP. Ier. — Chirognomonie. — de la main

        en général 73

        Du poignet. 82

        De la paume 83

        Des doigts 86

        De la manière de bien étudier la
        forme des doigts 100

CHAP. II. — Chiromancie ou étude des
        signes. Les deux chiroman-
        cies. — Chiromancie as-
        trologique, Chiromancie physique 103
        — Chiromancie du poignet. . . . 113

— de la paume 119

— des doigts 137

— des ongles 137

Les signes modificateurs. 142

La chiromancie astrologique. . . 146

Interprétation des signes. 156

Comment déterminer la durée
de la vie (méthode nouvelle). . . 164

Comment il faut lire dans la main 167

Conclusion de la chiromancie . . 169

IIIᵉ PARTIE. — La Chirosophie ou étude .
des causes 171

La chirosophie des formes. Le corps astral 174

La chirosophie des lignes et des signes . . 183

Chirosophie de la main en général 189

— des doigts. 195

La chiromancie comparée 198

Petit Dictionnaire de Chiromancie 201

Bibliographie 205

Les Indiscretions de l'Écriture. 213

FIN DE LA TABLE.